你知道吗?

孩子的成长是有规律的。

希望这本书能帮你

真正了解自己的孩子。

全球阶梯教养圣经

Your Four-Year-Old

[美] 路易丝·埃姆斯
[美] 弗兰西斯·伊尔克 | 著

玉冰 | 译

目 录

contents

1 Chapter 极富创造力，又极具破坏力——四岁孩子的身心特征

四岁孩子心理的关键，在于他们将更高的身体能动性和丰富的想象力结合到了一起。他们喜欢一切新奇的事物，有着变幻莫测的想象力，做什么都“过度”；但是快到五岁时，他们却一反常态，变得沉静而知足。了解这个阶段孩子发展的特征及原因，并关注孩子的个体差异是家长们的首要选择。

四岁的孩子在人际交往方面有了很大的进步，他们热衷于每一次奇遇，喜欢充满想象和创意的集体活动，同伴关系比三岁时变得更友善，在协同游戏中全面发展了语言交流能力和社会适应能力。但是，他们在家庭中与兄弟姐妹的关系带有很大的不确定性。此时的孩子，幼儿园是他们的快乐天地，专业的师资和集中的伙伴更有利于孩子的交往和成长。

理解孩子的基本个性——与四岁孩子相处的技巧

四岁孩子的特性是既张狂又可爱，让人又爱又恨。若想与这个年龄段的孩子和睦相处，需要对孩子的基本个性有所认知，采取一定的技巧。同时，根据孩子夸张的年龄特性，进行合理的管教也是必不可少的。什么样的技巧更加有效？什么样的管教理念和原则更有利于帮助孩子表现出良好的行为？在这个过程中，家长们应该注意避免哪些事情呢？

身体与心智突飞猛进——四岁孩子所具备的能力

四岁的孩子就像是一个充满气的皮球，有着无尽的活力。他们的肢体需要剧烈的活动，他们有说不完的话、做不完的事情。在说说笑笑、打打闹闹中，其运动能力、表达能力、思维能力都得到了极大的发展。在日常生活中，你或许会惊讶孩子的变化。但是孩子有个体的差别，家长们要尊重自己的孩子独特的发育速度和进展模式。

迅速、简单加新奇——四岁孩子的生日派对

四岁的孩子是一个对任何新的、不同的、让人感到兴奋的事情都抱有无穷无尽的精力、热情与欲望的小精灵。而生日派对正符合了他们的心意。只要事情能让他感到足够的兴奋，能够按照他的心意走，他可以跟你配合得相当漂亮。成年人这时对他的关注能让他感到十分受用，他会让自己非常投入而积极地配合各项计划。一份简单的小礼物或者新奇的装饰就能满足他“飞翔”的心灵。

父母的接纳是孩子生活快乐的保障——**四岁孩子的日常作息**

这个年龄阶段的孩子健康状况良好，大部分已掌握了基本生活能力，吃、穿、睡以及大小便仅需要成人的稍稍辅助便可完成得比较漂亮。他们也变得喜欢自己给自己洗澡、穿衣服。另一方面，父母也要尊重孩子的个体差异，例如不要强行逼迫胃口很小的孩子吃饭，对于孩子尿床、不肯蹲马桶等行为更要以放松的心态来面对。

7 Chapter 由幼稚向成熟过渡——四岁孩子的心智能力

四岁孩子的认知能力已有了较快的发展，对时间、空间和数量的感知能力都比三岁孩子提高了很多；幽默感、讲故事的能力和创造力均有其突出的特点。但是家长们在这些事情上不能拔苗助长，而是应该遵循孩子的行为年龄特点，给他们提供一个既能够激发潜质又轻松愉快的环境，让孩子在放松的状态下健康发展。

爱他如他所是——
四岁孩子的个体差异

如何才能更透彻地理解自己的孩子，这是每一位父母的必修课题。有很多方法可以鉴别孩子的个性，在这里我们将主要依照威廉·H. 谢尔登博士的系统性的体形心理学来讲述，给各位读者朋友们提供一些借鉴。

你是否也遇到过这些麻烦——源自家长们的真实故事

不同的孩子在成长过程中会表现出一定的规律和特点，很多孩子在同一件事情上出现了同样的让父母棘手的问题。为了帮助父母解决这些问题，我们特意挑选了一些有代表性的家长来信进行分析，相信对读者会有所帮助。

作者序

给父母一份关于孩子的成长地图

我们在这里讲述的是孩子在相应年龄段所应有的行为或者行为规范。这些东西能让不少家长看过之后感到心里踏实，因为做父母的总是愿意了解自己的孩子会有哪些行为。当然，我们这些描述也有可能反而使一些家长更加焦虑，甚至愤慨。好在绝大多数父母都会因为预先知道了孩子可能会出现的一些行为，而多多少少放松下来。而这正是我们愿意看到的事情。

尤其让许多父母感到安慰的地方是，他们现在终于明白，孩子在某些阶段出现的一些“糟糕”行为，其实是一种“正常”行为。因为，别人的孩子也都这样。

我们这一群人在阿诺·格塞尔博士的亲自带领下，跟踪了孩子四十多年，详细研究儿童行为的发展与变迁。我们的研究始于当年格塞尔博士指导下的耶鲁大学科研诊所，也就是现在著名的格塞尔人类发展研究所的前身。

这些针对数千名儿童（一点不夸张）的不断学习和研究，使得我们坚信，人类行为的成长模式十分有规律。我们可以相当准确地预料出孩子在某种行为阶段之后将会出现什么行为阶段。这里的行为，指的是能够表现出孩子的运动能力、语言能力、适应能力，以及与人相处的能力等各方面的行为。

我们的确能够很有自信地告诉你，**通常来说**，一个男孩子或者女孩子会在某个年龄出现某种行为特征。

但是，毫无疑问，没有哪个孩子可能是一个“通常来说”的孩子。正如我们在这本书里的第八章将要详细阐述的那样，**每一个孩子都是独一无二的个体，都可能从各个不同的方面有别于任何其他孩子，甚至包括和他或者她同胎而生的兄弟姐妹。**

因此，当我们告诉你，四岁孩子是张狂而可爱的，五岁孩子是沉静而安详的，六岁孩子又是怎样怎样的时候，请你记住一点，这并不意味着所有孩子都会在某个特定年龄段表现出某种特定行为来，而且都肯定或者应该跟我们的描述完全一模一样。

同样是发育十分正常的男孩和女孩，他们的行为成长既可能比我们描述的进程时间表更快，也有可能比我们的进程时间表更慢，当然也很有可能不偏不倚，与其同步前行。不论孩子的成长是更快还是更慢，这都不值得家长因此而忧心忡忡。

不仅仅是每个孩子的成长进程快慢有所不同，而且其行为的和顺与不和顺的程度也相当不同。有些孩子不论在哪个年龄段都十分招人喜爱，很善于调整自己，让别人觉得十分易于相处；另有些孩子则相反，不论家长多么懂得孩子、多么精心照料，他都有可能在整个童年阶段十分难以相处，甚至有可能在任何年龄段都十分不易相处。

有些孩子各方面的成长明显十分均衡，齐头并进。他们在各个不同方面的发育进程要么都提前，要么都延迟，要么都恰好跟我们的描述同步，包括他们的语言能力、运动能力、适应能力，以及所谓的为人处事的能力。可还有些孩子却并不均衡，比如有可能他的语言表达能力进步神速，而运动方面的能力却远远落后；或者很可能完全倒过来。

在这本书后面的章节里，我们将会详细阐述孩子与孩子之间的个体差异。但这却绝不是为了要让我们的读者因此而更加惴惴不安；相反，我们在这本书的一开始就再三强调，**我们对孩子各种行为的预期只不过是常规描述**，是对众多孩子自然展现出来的各种行为的一个概述而已。

我们不妨打个比喻，把这本书里以及其他类似书籍的描述都比喻成一份地图，而且是你想要前去旅游的那个国家的地图。我们**能够**告诉你的是那个国家总体来说是个什么样子；但是我们却**不能够**告诉你，你的旅程将会是什么样子。你可能比其他游客走得更从容些，或者更匆忙些；也可能比别人看得更细致些、更周详些，甚至有可能会回过头去再看看。你的这份地图既不能告诉你将会遇到什么，也不能告诉你应该做些什么。它能够告诉你的只不过是这块地界的大致模样。

人们大多愿意借助于地图的帮助。许许多多的父母也愿意借助于我们所做的这份孩子行为描述图的帮助。因此，如果你愿意，请使用我们的行为描述图吧，我们很希望你能因此有了一个很实用的向导，就像许许多多的家长一样。只是，请你不要因为我们的常规描述跟你的孩子不太一样，就去指责自己的孩子不好，或者指责我们的描述不对。每一个孩子都是一个美好的、与众不同的独立个体，我们仅仅希望这本书能够帮助你在孩子成长的各个阶段更加懂得欣赏他。

名家推荐序（一）

众里寻他千百度

每一个做了父母的人，都希望自己能够做一个对孩子成长负责任的好爸爸或好妈妈，我也不例外。当儿子的生命还蠕动于我的体内时，幸福的同时伴随着我的决心——一定要做一个好妈妈！

孩子出生了，他躺在我的怀里，吸吮着我体内流淌的乳汁，明亮清澈的大眼睛和我对视着，充满了对我的信任和爱，而此时，我却感到了一阵恐慌——我该如何去爱上天赐予我的这个宝贝？我懂得要给他吃母乳、要保护他的安全、要尽我所能地给予他最好的教育……但是，我不懂得在他每一个成长阶段，会出现怎样的心理发展过程，这些心理发展会让他呈现出怎样的行为，我又该如何去帮助他完成这些发展过程。比如，他现在才三个月大，他的精神需要是什么？我是否应该让他吃手指？在他六个月大的时候，他会出现怎样的行为？他四岁的时候如果与小朋友打架，我该怎么来处理……我感觉到做一个好妈妈有些力不从心！

随着孩子一天天长大，他真的开始吃手指头了；他去幼儿园的第一周就和小朋友打架了，脸上还被抓出了血痕；他开始追着我和先生的屁股不停地问问题，这个世界有太多他不明白的东西；他拿起剪刀把自己的头发剪成了朋克状；他在幼儿园为了不把大便解在裤子里而憋上一天，我们不明白他为何不去洗手间；他开始说“屁股”“臭大便”，反复地说，我们越是阻止他说得越开心；他开始邀请幼儿园的小朋友到家里来做客，而且没有经过我们的同意就带小朋友回家了；他开始对文字感兴趣，家里的任何一本书以及大街小巷的每一个门牌和挂着的标语，他都要求我们认真地读给他听……

因为不懂得孩子，所以我们会犯下很多的错误。比如，当他的脸被小朋友抓出小小的血痕时，我告诉他：“如果谁再靠近你，你就还击他！”当天，老师给我们的反馈是：

“你的孩子怎么了，小朋友才靠近他，他就出手抓人家的脸，他以前不这样啊！”我立即意识到自己的教育是有问题的，但问题在哪里，我却不知道。

当我发现自己存在问题后，我开始学习教育孩子的方法，于是到书店里去买书看。然而，十七年前的书店里，教育孩子的书种类非常稀少，唐诗和宋词外加名人教子语录，这些书籍无法帮助我理解孩子的成长规律，也无法让我学习到正确的应对方式，于是，我仍然在黑暗中摸索着孩子的成长规律。

在孩子十五岁的时候，我才接触到了教育的核心，才开始明白教育的本质是帮助孩子完成每个年龄阶段生命发展的任务，可是，我的孩子已经十五岁了！他成长中最重要的时期被我错过了，那种因为错过而心痛的感觉让我在许多夜晚不能成眠，我们和孩子都无法重新来过，我们再也回不到从前了！现在，孩子已经二十岁，即将离开我们远赴英国上大学。好在从我明白错过的那一刻起，我没有再错过孩子的成长。这五年是我弥补自己缺失的五年，感谢上天给了我这五年的时间！

有了陪伴孩子成长的经历，有了我对教育的研究和感悟，我觉得自己有责任为年轻的父母们做点什么，让他们不再重蹈我们的错过。这些年来，我不断地接触、体验和思考新兴的教育理念和方法，寻找能够给父母们带来更好帮助的书籍。但是，一直没有这样的书入我的眼，直到玉冰把这个宝贝带到我的面前，这套书让我眼前一亮——这不正是我多年来苦苦寻找而不得的宝贝吗？！

这是一套研究 1~14 岁孩子发展规律的书，一群严谨的学者用了四十年的时间来研究每一个年龄阶段孩子的发展规律，并给父母提出了具体的建议和应对方法。虽然我国也有很多研究教育的机构，但是，我们缺乏对各个年龄阶段孩子科学严谨并能够持续四十年之久的研究。这套书能够弥补我们的缺陷，给我们的研究和父母养育孩子提供非常大的帮助。

虽然东西方存在着文化上的差异，但是，在人类这个物种成长和发展的规律上，存在的差异不会太大。比如，无论是西方还是东方，孩子们都需要在妈妈肚子里怀胎十月才出生，一出生就能够吸吮，出牙的年龄都在 4~6 个月，都会在一岁左右走路，都能够解读成人的表情，都会在同一个年龄阶段出现相应的敏感期……无论是东方还是西方的父母，都希望在了解孩子发展规律的基础上来帮助孩子成长，都希望孩子具备善良、有责任感和自律等优秀的人格品质，都需要具备帮助孩子建构健康人格的能力，由此，我相信这套书能够帮助到中国的父母们。

假如，在我的孩子刚出生时，我就能够看到这套书，我就有信心做一个好妈妈。因为，我会了解孩子在当下的生命发展过程中会出现怎样的行为，我该给予孩子怎样的帮助，才能让他顺利地完成这个阶段的发展任务；同时，我还会预见孩子在未来每一个年龄阶段生命发展的方向，我会提前做好相应的心理和物质准备。虽然，对于我来说这一切都只能成为一个“假如”，但对于孩子在成长阶段的读者来说，这是真实可行的！

胡萍

2012 年 4 月 26 日于深圳

编者注：胡萍，中国儿童性教育的先驱。2001 年开始研究儿童性健康教育和儿童性心理发展。2004 年开始在全国 50 多个城市开展性健康教育父母课程，并多次与中央电视台、新浪网等合作录制儿童性健康教育节目，其代表作有《善解童贞》《成长与性》《儿童性教育教师用书》等。

名家推荐序（二）

在这里寻找答案

“教育是一门科学，不能仅凭经验。”这是我回国后一直倡导的教育价值观。

2002 年我从德国慕尼黑大学毕业后回到国内开始从事教育工作，将近十年的工作中让我感到困扰最多的就是父母宁愿相信经验，而不求证于科学；父母宁愿把自己的孩子和周围的孩子相比，也没有办法用科学的方式评价自己孩子成长得是否合适。

印象最深的是每次都有父母非常焦虑孩子的正常现象。比如说“多动”。在他们的眼中，如果一个四五岁的孩子无法专心做事 30 分钟就是多动症，就需要看病吃药，就会导致学业问题。每次当我耐心地向他们解答每个年龄段不同的正常现象，持续多长时间就是在正常范围之内才能减轻他们的担心。比如父母们不明白为什么三四岁的孩子喜欢拿着东西就往地上扔，喜欢强调“我”。

只有当父母知道什么是“正常”，才能真正理解孩子的行为，也才能给予正确的引导。

所以，我特别希望有一套介绍个体发展基本规律的书籍帮助父母认识到个体发展规律，帮助他们能够判断孩子行为的“正常”和理解孩子行为背后的原因。

相比较个人发展和心理认知的专业书籍的晦涩，《你的N岁孩子》系列更加生动，语言容易理解。在这本书中，读者会看到的是一群同年龄的孩子，他们的生活跃然纸上，在这里，你一定会找到自己家里的那个宝贝，也能更加走进他们的内心。

兰海

编者注：兰海，上濒教育机构创始人，毕业于德国慕尼黑大学教育心理学专业。研究方向：创造力发展、青少年成长、教育规划、亲子关系。兰海先后在慕尼黑大学获得心理学、教育学和社会学三个学位，在九年的教育实践工作中，对国际、国内的教育状况有异常深入的了解和研究。目前，兰海是中央电视台少儿频道《成长在线》栏目特邀专家；《父母世界》杂志特邀专家。著有《嘿，我知道你》《孩子需要什么》。2009年，中国教育报专题人物报道：《教育是科学，不能仅凭经验》；2011年4月，CCTV10《人物》栏目专访:《 带孩子寻找快乐的老师——兰海》。

名家推荐序（三）

在帮助孩子的同时懂得孩子

我要郑重地向所有的家长们推荐这本书，因为这是迄今为止我看到的对家长育儿最有帮助的书；我也要郑重地向老师们推荐这本书，因为有了这本书，忙碌的老师们就再也不用为发展心理学中那些生涩的字词而头痛了。妈妈和老师不想成为理论研究者，他们只想在帮助孩子的同时懂得孩子。他们只想知道一个两岁的孩子眼皮都不抬地乱扔东西是否正常；他们只想知道当孩子乱扔东西时，他们该怎样帮助孩子。

当有一本书说“孩子的感知运动时期的第八循环第一阶段，其生物功能如何被环境改变，这一改变来自怎样的图示过程”时，家长和老师们真的就被吓住了，他们会带着可怜的、自信心受到打击的神情对你说：“我学不会，我看不懂，我做不到。”

假设你是那个作者，当一个老师或一个家长这样对你说时，你会绝望吗？你会觉得他们不适合做父母和老师吗？这时，请你看看这本书，看看它是用怎样的关怀向想要了解孩子的人讲述孩子，又是用怎样朴实贴切的招数在帮助它的读者。看了这本书，你会知道，这本书是有鲜活灵魂的，当你面对它时，你会自然轻松地用心灵与它沟通。

我要说，朋友们，请打开这本书吧，不管你是妈妈还是爸爸，不管你是老师还是教育家，请打开这本书吧！

李跃儿

编者注：李跃儿，中国著名儿童教育专家，中国芭学园创始人，曾为《父母》杂志教育答疑专家、央视少儿频道签约专家。畅销书《谁拿走了孩子的幸福》系列的作者。2004年荣获第三届中国国际家庭教育论坛“华表奖”和“形象大使”称号。2006年荣获“2006年中国幼儿教育百优十杰”（第一名）称号。2009年荣获“2009中国民办幼儿教育十大杰出人物”称号。2012年荣获“教育木兰奖”。

译者序

因为懂得，所以从容

亲爱的读者：

既然你已经翻开了这套书，那么，我首先要恭喜你：你做了一件非常值得的、有正面价值的事情！请好好读下去吧。这套书肯定能大幅度地改善你和孩子之间的亲子关系，提高你养育孩子的快乐和享受。而你心爱的宝宝，则肯定会因为这本书带给你正面的、有益的改变，而成长得更快乐、更舒展、更健康。

因为，这恰是我的亲身体验，也是千万个有幸读过这套书的妈妈们的亲身体验。

当我第一次接触到这套书的时候，我的两个淘气的小男孩才两三岁。那时候，我一边四处搜寻怎样养育孩子的书，一边和孩子们一起参加美国老师主办的亲子班。老师的素质非常好，专修过三门儿童心理方面的不同学位，常常给我们讲述一些不同年龄的孩子会有些什么样的“坏”行为，孩子为什么会有这样的行为，以及妈妈这时应该怎么办等问题。这些知识让我十分惊奇，它为我打开了一扇全新的了解孩子心理和行为背景的窗户，更何况，老师传授的“技巧”还真管用！我越来越喜欢向老师请教。有一天，老师把我带到亲子班的一个书架前，拿出一本书来介绍给我：你读读这本书吧，会很有帮助。我接过书一看，立刻注意到这本书里的内容和老师授课的内容十分相近！我蹲下身子往书架里仔细一看，嚯！3 岁、4 岁、5 岁、6 岁……每一岁都有一本！

我立即拿了两本回家读。从此，我爱上了这套书！

这套书和其他育儿书最大的不同在于成书的背景。很多育儿书，包括现在最走红的海蒂·墨卡夫的书，大多都是妈妈根据自己的体验和感悟而写成的，也有些是儿童教育专家根据自己的知识和经验写成的。但是这套《你的 N 岁孩子》系列，却是由美国著名的“格塞尔人类发展研究所”的一群儿童研究专家，从 20 世纪 50 年代开始，经过 40 多年系统而严谨的跟踪，针对数千名孩子在不同年龄段所做的详细观察和了解而总结出来的系统研究成果！不但很有深度，而且很有广度。这里有任何一位妈妈或者儿童心理学家都不可能提供的充足的数据、翔实的研究、精密的分析和高度的概括。

正因为这套书的成书背景如此特别，使得它不仅仅是一套很实用的育儿宝典，而且是一套很科学的儿童行为认知学的科普读物。研读这套书可以让你预先了解你的孩子在 4 岁的时候（以及 5 岁、6 岁等其他年龄）可能会出现哪些让你十分向往以及头疼的行为表现，从而有了合理的心理预期和心理准备，在面对困境时能够更加从容而不至于惊慌失措、烦恼不堪；这套书还能让你明白孩子的许多“坏”行为不但是短暂的阶段性行为，其实也是合理的孩子气的正常行为，从而放下许多不必要的焦虑不安和心理包袱。故此，不但你的日子能过得更舒坦，孩子也能活得更率真、更健康。

对此，我自己深有体会。以这本《你的 4 岁孩子》的特点为例，四岁孩子的体能大增而且精力无限，算是童年时期最淘气的阶段。我的两个儿子年龄相差只有 13 个月，他们的成长阶段十分接近，可想而知，他俩 4 岁前后我的“运动量”该有多么大。这本书让我对孩子在 4 岁前后的行为和表现有了预期和理解，使我预先放宽了心境，从心理上接纳了孩子的无限淘气。不仅如此，这套书还教会了我如何给孩子们机会去宣泄他们的能量，而不是一味地约束他们不要太淘气。最佳的方法之一，就是在我觉得孩子闹腾得有些让人受不了的时候，带他们出去“放敞羊”，去公园里玩，到小区里走一圈，到草丛里、树林里去探险……他们玩得开心，我也没了苦恼。到后来，我渐渐发现了他们的生活规律，能够预知他们什么时候容易打架、胡闹，并且根据他们的“生物钟”合理而恰当地安排他们吃饭、休息、室内活动和户外活动的时间，果然皆大欢喜，我的日子轻松了许多。别人常问我，“我带一个孩子都快要累死了，你怎么带两个孩子还这么从容？”呵呵，因为知识就是力量啊！

随着我的两个儿子逐渐长大，我慢慢了解到，这套育儿宝典不但是美国亲子班、幼儿园老师们的养育依据，而且还是美国小学老师了解和对待不同年级孩子的心理、行为的依据。每年开学，孩子们升到不同的年级，我都能收到学校发给家长的一份文件，告诉我们孩子在今年会有哪些特点，父母应该特别注意哪些事项。我也通过在学校频繁地做义工的机会，深刻体会到学校老师对待不同年级的孩子真是不一样，不但对孩子的约束要求不一样，而且约束孩子的方式也不一样，十分合理而人性化。从这个角度上来说，这套书不但适合父母们学习和阅读，而且也适合幼儿园老师、小学老师，甚至中学老师学习和阅读。

别看这套书是三十多年前的“老古董”（这本《你的 4 岁孩子》英文原著出版于 1976 年），它之所以到今天都仍然被美国学校奉为宝典，正是因为这套书的主题是孩子的发育与成长的客观规律，而客观规律是不会“过时”的。当然，有些外在的环境影响的确发生了一些改变，比方说那时候还没有“iPad”，而现在估计很多孩子都因陷于这种现代电子游戏中而给家长带来了许多新的烦恼。不过，只要我们能够智慧而灵活地运用这套书中的基本观念，我们就可以自己动脑筋想出办法来，从而走出困境。

这些年来，随着孩子的渐渐长大，我总会不断地遇到新的问题、新的苦恼，也总是能够不断地从这套书中获取知识、汲取力量，从而调整我的心态，调整我看待孩子“坏”行为的视角，也调整我和孩子相处的进退尺度和协调方法。这套书已经很多次成功地帮助我走出了亲子关系低迷的僵局，扫除了我心中的困惑、焦虑、烦躁和失落。我的两个孩子，不但在家庭的小环境里，而且在幼儿园和学校的大环境里，都沐浴在这套书的福泽之中，因此成长得健康、活泼、快乐和聪明。

正因如此，我对这套书情有独钟。一年多前我下定决心，一定要想办法把这套宝贵的好书介绍到中国来，造福中国的孩子和父母。感谢北京紫图图书有限公司对我的信任，我终于如愿以偿，能够亲手把这套书翻译给祖国的家长和老师朋友们。

我替你的孩子感谢你，因为你愿意研读这套书，愿意接纳这套书将带给你的新知识、新观念和新视角。我在此真诚地祝福你，祝福你的孩子，祝福你全家。你们一定会从此更加相亲相爱，更加幸福和美。

玉冰

美国洛杉矶

2012年3月18日

编者注：玉冰，美籍华人，畅销书《正面管教》的译者。她十分重视儿童教育发展，也十分重视亲子关系对孩子成长的巨大影响。此外，她还译有《与神对话——献给青少年》等作品。

四岁孩子能力发展及教养简表

	四岁到四岁半	四岁半到五岁
整体特质	夸张、过度	沉静、内敛
动作、语言等能力	◇动作的协调能力和平衡力提高 ◇手指的灵活度和精细度提升 ◇视觉空间增大，以行为为导向 ◇语言学习突飞猛进 ◇有强烈的表达欲且能够明确表达自己的思想 ◇以同龄人为交流对象，互动交流增加	
心智能力	◇心智由幼稚向成熟过渡 ◇能全方位地表达出他的幽默感 ◇时间的感知增强 ◇对空间的感知增强 ◇对数量的感知提高，喜欢玩数数的游戏 ◇能形象地编说故事，“暴力”故事显著 ◇极强的创造力，孩子天生就是“艺术家”	

（续表）

<table>
<tr><th></th><th>四岁到四岁半</th><th>四岁半到五岁</th></tr>
<tr><td>人际关系</td><td colspan="2">◇ 交往自主灵活、积极主动，喜欢集体活动
◇ 兄弟姐妹之间的关系好坏依年龄和喜好而定
◇ 活泼、充满爱，喜欢非教学性的幼儿园</td></tr>
<tr><td>读写等习惯</td><td colspan="2">◇ 思维能力通过语言表现出来
◇ 戏剧性的故事+丰富的画面=孩子最爱的书籍
◇ 绘画能力增强
◇ 享受音乐的美
◇ 喜欢滑稽有趣的韵文</td></tr>
<tr><td>睡眠习惯</td><td>◇ 睡大床好处多</td><td>◇ 睡眠质量提高
◇ 合理掌握睡眠时间</td></tr>
<tr><td>饮食习惯</td><td>◇ 基本可以独立饮食
◇ 往往会有偏食现象</td><td>◇ 食欲和饮食速度都有所提高</td></tr>
<tr><td>大小便训练</td><td colspan="2">◇ 基本可以自理
◇ 很在乎自己的隐私</td></tr>
</table>

（续表）

	四岁到四岁半	四岁半到五岁
洗澡穿衣	◇父母稍做提醒，孩子自主完成	
与孩子相处的技巧	◇与孩子一起分享和创造 ◇用“冷处理”或“添油加醋”的方式对付孩子的张狂 ◇和孩子一起快乐地享受文字游戏 ◇控制自己的负面反应 ◇给孩子一些专属时间 ◇巧妙地给孩子设定一些规范 ◇与孩子商量 ◇用富有挑战性的事物吸引孩子 ◇避免和孩子进入“雷区” ◇使用正面而幽默的指令 ◇用“惊奇”吸引孩子的注意力 ◇巧妙地使用“耳语”和夸张的语言 ◇不要吝啬你的夸赞和嘉许 ◇经常与孩子交谈，建立紧密的亲子关系 ◇正确地利用电视	

Chapter 1

极富创造力，又极具破坏力——

四岁孩子的身心特征

四岁孩子心理的关键，在于他们将更高的身体能动性和丰富的想象力结合到了一起。他们喜欢一切新奇的事物，有着变幻莫测的想象力，做什么都“过度”；但是快到五岁时，他们却一反常态，变得沉静而知足。了解这个阶段孩子发展的特征及原因，并关注孩子的个体差异是家长们的首要选择。

1. 四岁到四岁半：招牌特征——做什么都过度

四岁的孩子是一个非常有趣的小家伙。如果你能从这个角度来接纳他，那么你就能够真正欣赏和享受他作为四岁孩子的可爱。可是换个角度，假如你用苛刻的眼光去看他，觉得他好吹牛皮、骂脏话、不听招呼、不肯遵规守矩等都是坏行为，那么不论对你还是对孩子，四岁都将是一段充满了不必要煎熬的日子。

我们发现，这个年龄的小男孩和小女孩，在大多数情况下，都是欢天喜地、精力旺盛、充满活力、荒唐滑稽和不受约束的，他们随时准备好了去做任何事。和刚刚过去的三岁半相比，孩子已经发生了多么巨大的变化！那时候的他，远比现在活得磕磕绊绊、处处碰壁。如果你的四岁孩子有时候似乎过于滔滔不绝、自吹自擂和专横跋扈，那是因为他刚刚进入了一个新领域——直到这个美好年龄他才能够进入展现自我的全新领域，这当然让他兴奋难耐。

三岁半孩子的典型行为是强烈抵制成年人对他的许多要求，可能这是因为在三岁孩子的心目中成年人仍然是万能的。四岁的孩子则往前跨越了一大步。忽然之间他发现，尽管成年人依然很有能耐，但是他们已经不再是万能的了。他现在发现自己远比过去有能耐，敢于做些他眼中的坏事，而且知道天并不会因此塌下来。

更有意思的是，仿佛有一个天造的生命密码，跟随在三岁半左右孩子的相对瑟缩的、心理安全感很弱的天性之后，四岁的孩子则显现出外向开朗、很有自信的天性。我们来看看下页的图一，四岁的孩子很典型地处于一个美好的和顺期。

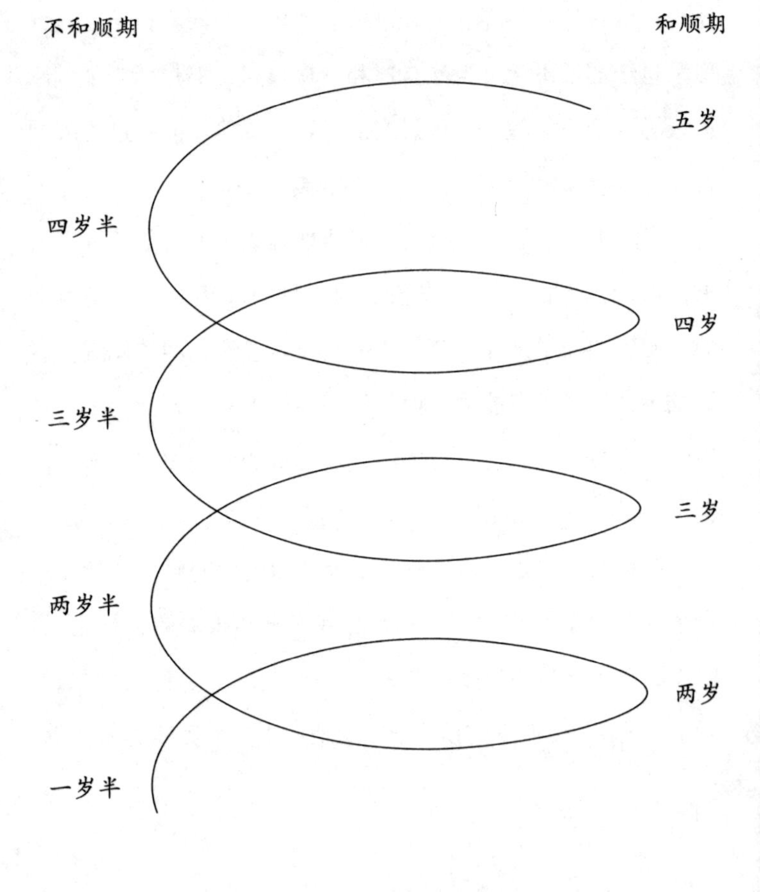

图一　和顺期与不和顺期交替出现

❖ 喜欢新奇，情绪趋于两个极端

四岁的孩子喜欢新的人物、新的地方、新的游戏、新的玩具、新的书画和新的活动等。没有谁会比四岁小孩对成年人想哄他开心而响应得更热烈的了，他会兴高采烈、热情洋溢地接纳你能给予的一切。所以，给这个年龄的孩子任何新的东西，比如玩具、书本、衣服，或带他一起尝试新的经历等，都是让人十分愉快的事情。所有这一切，都能让他的眼睛闪闪发亮，并能得到他全身心的珍爱。

事实上，四岁孩子虽然喜欢许多东西，但他的情绪却趋于两个明显的极端：很多事物让他热爱，也有很多事物让他痛恨。他的爱与憎一样强烈，也许你永远没法明白到底是什么东西会惹得他憎恨。不过，不论他憎恨的是什么，你都应该尊重孩子的感受，至少你也要相信孩子有他的道理。

越是格外黏着妈妈的孩子（大部分孩子都这样），越是痛恨任何给他眼里的妈妈带来变化的东西。也许他痛恨妈妈佩戴的某种珠宝，甚至妈妈梳的某种发式。当然，他尤其痛恨的是妈妈脸上的那抹神色，让他知道妈妈不满意他了。

他可能会讨厌菜瓜，或者任何他看不上眼的食物。他也有可能讨厌某些人。他还会特别讨厌他觉得丑陋的东西，有些时候孩子会显露出对审美相当敏锐的感受。

四岁孩子喜欢一切的新奇。三岁小孩喜欢“因循守旧”，四岁小孩却“喜新厌旧”，任何新的想法、新的念头和新的讯息都可以带给他仿似一个新玩具所能带给他的快乐。所以，同一个四岁孩子聊天往往十分畅快，虽然他无穷无尽的“为什么”也许有时候能问到你腻味，但更常常是他引得你滔滔不绝倾囊相告。既然听的人如此如饥似渴，说的人自然忍不住眉飞色舞了。

❖ 行为与想象力变幻莫测

四岁孩子心理的关键，在于他将更高的身体能动性和丰富的想象力结合到了一起。一个四岁的孩子实在是一个万花筒，还有什么是他不可能做的？他既可以安静也可以喧闹，既可以沉稳也可以张扬，既可以是小贴心也可以是小霸王，既可以从善如流也可以独断专行。他还可以是好交往的、好运动的、多才多艺的、能言会道的、充满幻想的、乐于合作的、无动于衷的、好奇多问的、固执己见的、坦率豪爽的、幽默风趣的……他简直就是一个多面人。

典型的四岁孩子也是一个风风火火的小人儿。不论他做什么，都是一个快字，而且他的兴趣总是很快地从一件事情转移到另一件事情上去。大多数情况下，他做什么事情总是开头那么一下，然后就**足够了**。他不在乎要把一件事情做完做好，而只在乎下一件事情吸引了他的兴趣。他的行为变幻莫测，假如他居然能够一直停留在同一件事情上，那么这件事情他可以不断地花样百出，直到让你头晕目眩。

四岁孩子这种很常见的变幻莫测的想象力，我们可以通过绘画的例子来说明。一个四岁孩子的自主绘画，可能从一棵树开始，这棵树画着画着就变成了一栋房子，随后又变成了一艘战舰。还有更让你捉摸不定的呢，他画的“人的脚”可以越长越大，接着长出了一个很大很大的脚指头，这个脚指头随即又变成了一只小鸟的后背，然后又变成了翻滚过山车，之后又变成了翻滚过山车的**背面**（到了这个时候，他往往就已经把纸画得满满的了）。

这种不断的变幻，不仅仅局限于铅笔和画纸。比方说，两个小男孩一起在沙堆里玩，他们决定要堆一座火山。可是，一旁有人提议说，一会儿火山要是喷发起来（这显然是他们要干的事情），会弄得到处都是沙子。于是他们自己扔了一小会儿沙子后，决定不玩火山了，他们要挖掘恐龙骨头。结果，没等挖出恐龙骨头来，他们就聊起了恐龙究竟是多么久远以前的东西（“嗯，恐怕九千年够久远了吧？”）。之后，他们又把沙子想象成了雪，开始堆雪球。当然，要堆雪球可不容易，哪怕往沙子里倒水，也不容易团起来。既然不容易团起来，堆雪球就变成了捏臭鸡蛋，他们规定谁说最后一句话谁就是臭鸡蛋。所有的这些游戏，不过是五分钟之内的事情而已。

这就难怪成年人为了要跟得上小家伙的速度而疲于奔命了，他们的四岁孩子不但满脑子稀奇古怪、变幻莫测，而且变得太快。不过，尽管四岁孩子总在变来变去，可是他们依然保留了一些三岁时的“还有我”的传统。假如你去问一群四岁小孩他们的家住在哪儿，那么这一群孩子中的每一个人都想要告诉你他住在哪儿，而且他们都会出乎你意料地有耐心、有礼貌，一个一个轮着来，直到每一个人都得到机会把他们那十分有趣的讯息告诉你才肯罢休。

❖ 内心需要生活中的规范和规矩

也许有时候四岁孩子的不听话连他们自己都有些受不了。归根结底，他其实还是喜欢有规矩、有限制的，但是这不是他总放在心里的东西，所以也就是总需要你提醒的东西。实际上我们发现不少四岁的孩子很喜欢家长的口头限制:“不要走过那棵树”“不要走出那道门”；还有不少孩子，只要你告诉他“规矩是你要做（或者不要做）什么什么”，他们往往相当的循规蹈矩。

其实，许多四岁孩子有意寻求他们生活中的规范和规矩。因此，一个四岁的孩子很可能自发地下结论说“应该如何如何”。“应该”二字似乎能够让他安心。他有时候的确不会遵守这些规矩，可是他毕竟愿意知道至少有这些规矩。

而且，还有些时候他会自己让自己安稳下来，哪怕是他玩得很疯的时候。比方说，两个小男孩可能先假装他们来到一个山洞里（一个大纸箱子），洞里面有山怪；可是，他们要保护自己，于是又假装那山怪不见了，因此两个小朋友就都“平安无事”了。

还有，虽然他常常是一个不听招呼、不肯中规守矩的孩子，但是，只要他愿意，四岁的孩子有些时候还是很值得你信任的。许多小家伙已经可以胜任出门去办一两件小差事，当然这些差事肯定不需要孩子过街。不少孩子到了四岁半的时候，你就已经可以放心让他们自己在户外玩了，而不需要一直守在他们身边盯住他们。

❖ 典型特征——做什么都过度

当然，当他惯常的不听话和他渴望知道在大人吆喝他之前他能够走出多远的心掺和到一起时，四岁的孩子就展现出了我们眼中这个年龄的招牌特征——做什么都过度。

一个正常的充满活力而且健健康康的孩子，在这个年龄段，似乎时时处处都是过度行为。大的动作方面，他不但会拳打脚踢，还会吐口水（惹急了的话）。假如事情不遂他的意，他甚至干脆跑出家门。不论是高兴还是生气，他都忍不住要狠狠折腾一番，你可以看见他楼上楼下来回地奔跑，更会骑着他的撞不垮的小三轮车横冲直撞。

情绪的表达上，他也往往极端过度。假如事情遂了他的意，他可以捧腹大笑；可要是事情不遂他的意，他又能震耳欲聋地大哭大叫。好在他的欢笑多过他的哭号，而且他也喜欢别人的欢笑。他甚至可能跟你说起他的父母："他们开心的时候，总是哈哈大笑。"他也常常能做些很逗乐的事情。

不过他最臭名昭著的过度行为，却是他在语言表达方面的表现。他会夸张："有天那么高""一千万个虫子""像房子那么大"。他会吹嘘："我家里有个更大的""我能做得比这更好""我爸比你爸更有力气"。除了吹牛说大话，他还会骂脏话。男孩子还喜欢夸耀他们很厉害，因此他们不喜欢用自己的本名互相称呼，而偏要用些他们觉得很威猛的名字，比方说，“孙悟空”“阿童木”“奥特曼”，等等。

❖ 对排泄行为和说脏话感兴趣

四岁的孩子对排便的动作和排泄出来的东西相当感兴趣。排泄这件事情对他们来说十分神奇。你要是带他出去散步的话，四岁孩子可能每当看见小狗狗拉屎撒尿都要驻足观看。而且，他显然格外看重自己的小屁蛋儿，你要是问他用什么动脑筋，他甚至可能朝你指指他的屁股！

因此用排泄物来骂脏话，就始于四岁。一个对朋友很生气的四岁小孩，可能大骂他的朋友是“臭狗屎”。实际上，孩子张口闭口都是“屎粑粑”或者“尿尿”之类的名词形容词，已经很难让成年人受得了了（甚至连在旁边听他这样说话的小孩子都会说：“那样说不好。”）。“垃圾”也成了四岁孩子的常用词。

孩子对排泄的在意，也可以从他对卫生间的格外关注中很清楚地看出来。当他去别人家时，他会对别人家的卫生间非常感兴趣，刚一进门他就想跑去看人家的卫生间。不过，虽然他对卫生间和别人坐马桶充满了好奇，但是在自己排便的时候，他却又格外在意保护自己的隐私，不想被别人看到，甚至会在上厕所的时候把门锁上。因此，不少这个年龄的孩子都曾经把自己反锁在洗手间里而出不来了。

而且，我的天，四岁的孩子常常能骂出些脏话了，“靠！”肯定是他常用的感叹词，尽管他并不明白这些污言秽语是什么意思。假如你要是听见你的四岁孩子每往上爬一步都恶狠狠地骂楼梯一句“他妈的”，你这个当爸爸的就要从此小心你自己平常怎么说话了。

我们听到过这么一个故事（恐怕是真的吧），有一个小姑娘，她妈妈实在受不了她满口的脏话，就跟她说如果她再说一句脏话，她（妈妈）就要替她（女儿）卷起铺盖卷儿来让她滚蛋。这小姑娘当然又口出秽言，她妈妈就果真给她收拾了一个行李箱，把她推出了家门。几分钟之后，这个妈妈心生悔愧，开门出去找孩子，结果发现这孩子还坐在门口没走。

妈妈说：“我好像说过你该滚蛋了吧。”

女儿回答：“我要是知道能去他妈的什么地方，我早他妈的走了。”

不论这个故事是不是真的，这个场景都实在太经典了。

哪怕有些时候他们骂成年人的话算不上脏话，却也充斥着侮辱和威胁：“你算什么东西！”“我要揍你！”而且，四岁的孩子不光只说脏话，他们还常常添油加醋、言过其实，以至于从字面意义上来理解的话，你只能认为孩子是在彻头彻尾地撒谎。其实，如果你遇到这种情况，只需要一个淡淡的“真的吗？”或者朝孩子会意地眨一下眼，而不是怒气冲冲地教训他，孩子往往很快就会明白过来。

2．四岁半到五岁（快到五岁之前）：由激情张狂向内敛沉静逐步转变

也许你想要知道四岁的孩子再长大一点儿会是个什么情形，那么请看看下面，孩子快要到五岁之前的有趣的变化。

正如前面已经讲过的，我们知道典型的四岁孩子往往精力极其旺盛、热情洋溢、开朗外向和不肯中规中矩。我们也知道等他长到五岁，又很有可能变成一个安详、内敛、沉静、知足、善于适应、易于调和、容易相处的孩子。而且在家附近玩耍些中规中矩的游戏，最能令五岁的孩子感到快乐和舒坦。

这个四岁的孩子怎么就能变成五岁的样子？这个变化的过程会是怎样的？他会不会突然有那么一天，完全忘记了昨

天他还是一个热情奔放的孩子，今天却一下子变成了一个安静的孩子？这变化会不会更应该是逐渐完成的？

其实，这种变化更倾向于逐步形成，因此，有些时候孩子自己都有些迷惑，闹不清楚他到底是一个张扬的四岁小顽童还是一个沉静的五岁乖宝宝。而成年人则常常苦恼于孩子的行为难以预料。

实际上，通过四岁孩子特别在意事物到底是不是“真的”这一特点，我们就能明白，孩子其实对自己到底是怎么回事而感到困惑。哪怕他画一架飞机，也要给飞机添上一条“真的”电源线，好让别人可以“真的”插上电源使用。这个年龄最常见的问题，就是“真的吗？”

❖ 情绪变化捉摸不定，不易转移其注意力

四岁半的孩子，做事情的自觉性比以前稍有进步，也能比以前更长久地做一件事情。这个年龄的孩子更加热衷于收集新的讯息和提高他已经掌握的技能。他的游戏风格不再像四岁时那么张狂，而且也更容易忍受挫败。但是，他的情绪变化捉摸不定，从大笑到落泪的转变不过是瞬息之间的事情。

要想转移他的注意力，你已经不能像以前那么轻易地做到了。有些四岁半的孩子可能会非常固执己见，尤其是当他很想得到某样东西的时候。比如他想要国庆烟花，这类索要有时候固执到了偏执的程度。你若是驳回他，他可能会变得非常惹人讨厌，伸长他的舌头，给你个恶狠狠的嘴脸。这时候，你不见得能像他四岁时那样，用幽默谈笑就能轻易转移他的视线。

❖ 好坏意识出现，并意识到长辈的权威

四岁半的孩子开始越来越能意识到长辈的权威，父母训斥他的时候，他的脸上可能显露出以前没有过的表情，一种既有些困惑，又有些惧怕，还又在认真听的小模样。这样子往往能让父母的心软下来，不再坚持，这也可能成为你们讨价还价的好时机。

这个时候，“好”与“坏”的意识也开始出现。你要是在孩子睡觉前跟他说说以前的事情，他的故事也好、父母的故事也好，孩子都会开心得不得了。他尤其喜欢听你讲他小的时候，他的爸爸妈妈多么多么坏、他多么多么好之类的故事。

孩子会愿意你在睡前给他做做祷告，而且这种祷告往往能够缓解他睡前的恐惧。想到有个天上的、无所不能的慈父，会让孩子多少有些安慰。这个年龄的孩子也许会愿意把自己遇到的麻烦以及前因后果告诉天父；他愿意祝福所有身边的和亲近的人，愿意跟天父絮叨他所爱的那些人。

总而言之，四岁半的孩子很难说得准。不过，如果你能够始终想着他过去是怎样的、将来又会是怎样的，那么这肯定能够帮助理解和界定你的孩子现在是个什么状况。

3. 给父母的提醒

在这里，我们要给你一个很重要的提醒：**不论是谁（包括我们），告诉你说你的孩子将会怎样、可能会怎样，你都不应该太过当真。不论你的孩子是在任何年龄，都是如此。**

所有正常的孩子，他们的行为成长都的确相当有规律。行为相对不那么成熟的阶段过后，就是行为相对成熟的阶段，这种变化显然能够预测。只要我们看见孩子表露出某种行为特征，那么很大程度上，我们就能够告诉你，随后孩子很可能会发生什么变化。

凭借着我们对不同年龄段的数千名孩子的研究，我们的确能够预知，**在通常情况下**，你的孩子下一步将会进入到某个阶段。

❖ 关注不同孩子的独特成长进程

几乎所有的孩子，都会依照一个相当规范的顺序，经历所有的阶段。可是，我们却**无法确定**地告诉你，你的孩子将会在什么时候进入哪一个阶段。

年龄规范（也就是我们所说的孩子在什么年龄将会有些什么样的行为）仅仅是**一个平均值而已**，你的孩子的行为比这些平均年龄出现得早或者迟，都是非常正常的事情。因此，假如我们说一个四岁的孩子应该出现某种行为特征，可是你的孩子却还没有显露出来，你没有必要就因此而焦虑。你的孩子的发育进程也许比平均值稍微滞后一些，这实在非常正常。（即使是一个“慢”的孩子，他的行为表现却可能显现出不凡的内涵品质，从中我们不难看出他大器晚成的端倪。）**每个孩子都有他独一无二的成长进程表，请不要以为他只会严格地按照我们所说的进程表发育。**

❖ 正确面对孩子的个体差异

毫无疑问，除了时间进程的差异之外，每个孩子还有个体差异。并非所有的三岁孩子都斯斯文文，也并非所有的四岁孩子都张狂。

我们告诉你不同年龄孩子的不同行为特征，不是为了让你来以此一一比照而因此焦虑；相反，我们告诉你孩子可能会是什么情况，是为了有助于你了解他。因此当孩子的行为和你的期望值有一定出入的时候，你不必为此忧心忡忡。

其实，一旦父母明白孩子的行为不可能永远符合他们的理想期待，这反而能让许多家长的心放松下来。很多非常完美的“好”孩子，也常常会在某些阶段表现得不那么“好”。

不少父母在读过我们对孩子不同年龄段的那些似乎非常可怕的行为的描述之后，对我们说：“现在我明白了，我的孩子挺正常的。”这正是我们为什么要把这本书献给你的原因。我们希望这本书能够让你有更充足的心理准备，以坦然面对孩子在成长过程中许许多多十分正常的行为。

因此，当孩子出现一些不合体统的行为时，你不必再感到愧疚或者尴尬；你也不必怒不可遏去揍他一顿。对孩子的成长规律有了一定的了解，你才能够在孩子表现出一定行为的时候发自内心地微笑，你也才能够在养育过程中更加自信，更加有爱心、有定力。因为你知道，所有的事情都会过去的。

积极主动地协同游戏——

四岁孩子的人际交往

四岁的孩子在人际交往方面有了很大的进步，他们热衷于每一次奇遇，喜欢充满想象和创意的集体活动，同伴关系比三岁时变得更友善，在协同游戏中全面发展了语言交流能力和社会适应能力。但是，他们在家庭中与兄弟姐妹的关系带有很大的不确定性。此时的孩子，幼儿园是他们的快乐天地，专业的师资和集中的伙伴更有利于孩子的交往和成长。

1. 同龄孩子之间：交往自主灵活、积极主动，喜欢集体活动

典型的四岁孩子非常喜欢奇遇，而其他孩子对他来说，就是很有意思的奇遇。尤其是一旦别的孩子也和他一样大的话，那么，他们就都会很兴奋、活泼、热情洋溢，而且不肯中规中矩。他们会随时准备好做任何事情，并且都会有些变幻莫测。而变幻莫测这一点，使得孩子之间的相处变得更有意思。

这个年龄段的小孩，非常喜欢在一起玩耍，他们之间的游戏往往十分顺畅，并不需要成年人太多地介入。不过，如果有妈妈或者老师在一边，需要的时候替孩子解决争端、平

息争吵，当游戏有些玩不下去的时候提供一些新的玩法，则会更好。

任何两个四岁的孩子在一起时，他们仍然更倾向于排斥他们不欢迎的第三者，不过这种排斥性已经比前些阶段轻多了。小朋友之间的友情现在要积极得多，不再是仅仅建立在对不受欢迎者的共同排斥之上，而是建立在他们之间共享的活动之上了。

这个时候，几个孩子之间已经能够商量着玩同一个玩具，因此为了“玩具拥有权”而发生的争执，和以前相比容易解决多了。

❖“朋友”一词得到概念化的提升，同伴关系相对和谐友善

四岁的孩子变得很在乎“朋友”这个概念，因此，一个幼儿园老师只需要说一句“这儿有了一个新朋友，想要和你们一起玩”，就足以激发孩子之间的友谊了。

四岁孩子之间的人际关系已经不再像先前那么僵硬，所以妈妈或者老师可以通过说些幽默风趣的话，或者转换一下

游戏场景，或者对当前的任何活动来一个有趣的调整，很容易就能化解开孩子之间的一时纠葛。

有时候，连孩子自己也可以解决他和别人的矛盾：“让我先玩好吧！”“现在轮到我啦，好吗？”“你等一小会儿就让我用那个红色的，行吗？”“请你把我的烙铁还给我，好不好？”

❖ 已掌握丰富的交往词汇，同伴交流增多

很显然，四岁的孩子已经有了他需要的所有交往语言：“我们来玩这个，好吗？”“我是牛奶农场的人。要不要来点儿奶油霜？谁来帮我拿牛奶？谁来帮我卸饲料？”“放在上面，对，很好。”“你摸摸我的额头，多烫啊！”“我的肚脐鼓了出来。”还有，带点儿嘲笑的“理查德，你的耳朵可真大”这些话，等等。

若是一群孩子，围坐在一张桌子前，画蜡笔画或者捏橡皮泥，这个过程中会有许多孩子之间的交流。他们可能会为了蜡笔什么的稍微有些争执，也会把自己或者别人刚做好的

东西拿去给老师看。他们还可能一边手上忙活着，一边聊些跟手上忙活的东西没什么关系的话题。

❖ 交往行为夸张、嚣张，但又渴望同伴的认同

从四岁孩子与朋友之间的相处之中，你也能看出四岁的孩子在其他活动中显露出来的典型特征：有些嚣张，而且很夸张。你要是听见一个四岁的小孩对他朋友说“我把你的大衣给烧了”，这可是再平常不过了。假如他的朋友听到这消息之后不理他（假的！），他有可能会重复一遍：“你没看见吗？我把你的大衣给烧了！”

（事实上，四岁的孩子对火很是有些着迷。一辆小消防车对他来说是一件很让他欢喜的礼物，一顶消防帽也不错，而他最向往的事情可能是长大以后当一名消防员。不过与此同时，他又会十分惧怕消防警铃的声音，需要你的保护和安抚。）

尽管四岁时可能常常显得十分嚣张和过激，这个年龄的孩子却又大多希望得到朋友的喜欢和认同。“好不好？”“我

这次只拿这一个，行不？”“我们来搭个车库吧，好吗？”等这样的话会常挂在他的嘴边。

❖ 喜欢充满创意和想象的集体活动

四岁的孩子常常是一群孩子一起玩，他们很少自己单独玩。孩子们现在对人，也就是对他们彼此，非常感兴趣。他们对集体活动也非常感兴趣，而且也能够参与集体活动了。大多数孩子，只要他们在一起玩，那么他们绝大多数的时间都会用在相对复杂的、充满创意和想象的、配合默契的游戏之中。现在他们往往已经不需要成年人的帮助和指导了，自己就可以组织并协调好他们的活动。

他们可能和以前一样，以想象居多；也可能更注重动手搭建和随后的行动。一群四岁的孩子可以在不需要任何帮助的情况下，自发地搭建一座教堂，然后演出一场礼拜；搭建一个商店，然后开始卖杂货；搭建一艘船，然后出去航海。但是，在这些活动中，他们说的成分显然比做的成分更为重要。

❖ 夸张的友爱行为

四岁孩子的友爱十分明显。他们不但喜欢和自己的好朋友一起玩，而且还喜欢坐到一起，搂在一起，窃窃私语。即便是男孩子，你也能看见他们相互拥抱、亲吻。如果一对小伙伴中的一个想起来要玩个什么，比方说画画，那么另一个小伙伴很可能也跟着要画画。

孩子们这种彼此之间热忱的新奇感，如果成年人疏于关注的话，往往很有可能演变成小孩子间的性游戏。这类游戏不见得会对他们本身造成什么伤害，但是做父母的绝大多数很不喜欢。而且，这样的行为也显然不应该过于迁就。一旦这样的事情真的出现，切忌不要责怪任何一个孩子。因为，不论哪个孩子，不论妈妈相信他多么乖，都可能是领头的那

译者注： 对“性”感兴趣，是孩子性意识的萌芽。到了四岁的时候，孩子进入第一次“性趣高峰”，他喜欢玩自己的肚脐眼，喜欢看人家蹲马桶，甚至喜欢两个小密友在一起脱了裤子和衣服，研究对方的小身体，也就是玩“性游戏”。可能是男孩和男孩一起玩，也可能是男孩和女孩一起玩。到了六岁，进入第二次“性趣高峰”，这时候孩子身体内的荷尔蒙驱动已经相当厉害了，对“性游戏”的热情更炽。玩法当然很稚嫩，比方说“当医生”，拿只蜡笔插到对方小肛门里“量体温”。父母应该怎么对待，本书第九章第13问有详细解说，请认真阅读。

一个。只要妈妈小心关照，这样的游戏是可以避免的。

但是，父母也需要记住，这个年龄的孩子，尤其是男孩子，他们的生殖器官区域的确是孩子宣泄紧张情绪的一个出口。当众频频抓捏小鸡鸡是常见现象，这时你不需要告诉孩子“不要抓”，而应该借助有趣的吸引来转移他的心神，比方说，到屋子里或者院子里去溜达一圈儿。

❖ 强烈的团体认同感和归属感

比较大的四岁孩子，尤其是男孩子，往往会成为一群孩子的头儿，而其他小朋友也都愿意听从头儿的指挥。女孩子则容易成为“护花使者”的头儿。幼儿园里常常会有一个甚至几个男孩子以为自己喜欢上了某个特别的女孩子，这种喜爱有时候能持续好几个星期。

在幼儿园里，小朋友们通常对自己的团体有强烈的认同感和归属感。他们会拿些零食来分给每一个小伙伴，也喜欢邀请小伙伴们，甚至是老师到自己家来玩。不论是在家里，还是在幼儿园里，他们都喜欢开派对，喜欢过生日。

2. 兄弟姐妹之间：关系好坏依年龄和喜好而定

不论是在家里和兄弟姐妹相处，还是在外面和别的孩子相处，四岁的小孩都可以是一个争强好斗的小家伙。其实，他对外人还好一点，对自己的兄弟姐妹则通常很恶劣。跟别人一起玩的时候，小玩伴常常是别人来找他而且他也喜欢的人；可是在家里，他的兄弟姐妹却不见得乐意来找他玩，他也不见得乐意和他们玩。

❖ 对婴儿期的小弟弟或小妹妹通常比较友善

如果他的弟弟妹妹还是个小小的婴儿，四岁的孩子通常会非常通情达理，大多数时间都很友善。（除非他在成长过程中有严重的心理问题，或者现在的弟弟妹妹已经取代了他的重要位置。）不过，不论他对小婴儿如何友善，你都不可以让他单独和小宝宝在一起。一小会儿也许还不要紧，时间长了肯定不行，因为四岁孩子的行为毕竟很难说得准。（如果他已经表现出了对小婴儿的讨厌，那么连一小会儿都不可以。）

❖ 对年龄大的兄弟姐妹状况难料

和其他年龄的兄弟姐妹相处，四岁孩子则实在难以预料。他既有可能和他们玩得很好，也有可能吵闹不休。哪怕是跟年龄大许多的哥哥姐姐相处，他都能跟他们动粗。做父母的往往为他居然能和那么大的哥哥姐姐认真闹起来，而感到十分惊讶。实际上，四岁的孩子真的可以因为他自己的理由（有时候是让人不可思议的理由），跟大哥哥大姐姐争强好斗，对他们指手画脚。也许是因为他觉得兄长更高的能力威胁到他优越的地位了吧。反正，你常常能看见四岁的孩子对他哥哥姐姐说："你别那样！那是错的！你要再敢做一次，我就要剁碎了你，扔到垃圾箱里去！"

虽然四岁的孩子通常对很小的弟弟妹妹很友善，可是他也许忽然对小宝宝很不友好。比如说，有一个小男孩，忽然无缘无故地对穿了一身粉红色衣服的小妹妹骂道："臭粉红！你是个臭粉红！"（也许，他只不过是要显示一下他才是更有优越地位的人吧。）

❖ 父母应正确面对孩子间的打架

每个家庭都不一样，每个孩子也都不一样。有些孩子，尤其是小女孩，能够和自己的兄弟姐妹十分和谐地玩上很长一段时间。可是，也有些孩子却十分喜欢吵闹，简直是"打得没完没了"。孩子们打得一塌糊涂的时候，做父母的应该：

（1）理解孩子之间的打架不但很正常，而且，你别看他们尖叫得多么可怕，其实他们乐在其中；

（2）可能的话，把他们分开；

（3）去好好琢磨琢磨，一天之中什么时候、什么情况下，孩子们吵闹得最厉害。然后，但凡你能做得到，就尽量避免。

3. 幼儿园：老师的专业素养 + 丰富的环境设施 + 众多同龄玩伴 = 四岁孩子的快乐童年

虽然上幼儿园并不是快乐童年不可或缺的事情，不过，你能为你四岁孩子提供的最令他满足和兴奋的事情，就是送他去幼儿园，而且是一所活泼的、充满爱的、非教学性的幼儿园。

你那天生就精力无限、对任何新鲜事物都充满好奇和热望的四岁孩子，常常很轻易就能消磨光你想要一直让他开开心心的善意和热忱。而一个出色的幼儿园老师则有这股子非常必要的后劲儿，能够应付得了这么大孩子的旺盛精力以及无穷无尽的要求。

还有，一个出色的幼儿园所能拥有的设施，比起哪怕装备得十分丰富的家庭所能够提供给孩子的东西，肯定更丰富、更多样。

而且，和当妈妈的不一样，幼儿园的老师既不需要一边忙活家务一边跟在孩子屁股后面关照他，也不会总是被孩子像在家里那样把她抓来当玩伴。老师的全部工作，就是给孩子设置出一个良好的环境，让孩子能够充分发挥他的创造力，满足他无尽的好奇心。

和在一个普通家庭相比，一个好的幼儿园，不仅有更为丰富的设施、更为充足的成年人的帮助，而且，那里有好多其他的孩子。

这好多其他的孩子，不但能让一个四岁孩子十分兴奋，也能让有时太过兴奋的他安静下来。让孩子置身于和自己惺惺相惜的同龄人之中，对这个年龄的孩子来说，恐怕是最好的学习环境了。只有在这里，孩子才**真正**能学到东西，这是书本或强制性的学习环境所比不上的。

理解孩子的基本个性——

与四岁孩子相处的技巧

四岁孩子的特性是既张狂又可爱，让人又爱又恨。若想与这个年龄段的孩子和睦相处，需要对孩子的基本个性有所认知，采取一定的技巧。同时，根据孩子夸张的年龄特性，进行合理的管教也是必不可少的。什么样的技巧更加有效？什么样的管教理念和原则更有利于帮助孩子表现出良好的行为？在这个过程中，家长们应该注意避免哪些事情呢？

1. 与孩子和睦相处的十五个技巧

怎样才能最好地和精力旺盛的四岁孩子相处呢？其实，这相处技巧的根基，源自于你对孩子基本个性的认知。你对孩子了解得越透彻，越有助于你们的愉快相处，你就越不会轻易地被他气死。

❖ 技巧一：和孩子一起去探寻奇遇

首先你要了解的是，四岁的孩子喜欢各种奇遇。请和孩子一起去探寻并替他创造一些奇遇。最简单地说，就是带孩子在小区周围走一走，那里随处都是有趣的东西，能让四岁孩子的眼睛绽放出新的光彩来。当你打算到哪里走一趟时，记得要算上他。带孩子去散个步，比如去看看那里正在新盖的楼房（嗯，要是能看到拆旧房，就更好了），回来的路上再来一支雪糕筒。这样的活动给他带来的满足与快乐，远胜于到邻近小镇去考察民俗。

❖技巧二：用“冷处理”或“添油加醋”的方式对付孩子的张狂

假如你四岁小孩的一些张狂行为让你有些受不了（比如骂脏话、吹牛皮、满嘴的添油加醋等），而你想要让他收敛一下，那么最好的做法就是你不去搭理他。老话不是说嘛，“他就是偏要惹你讨厌”。因此，如果你能够让他看到你不但不觉得讨厌，而且根本就没有注意到他，那么他很快就会觉得十分无趣，脏话也好牛皮也好，也就都没意思了。

还有一个与这一招完全相反的办法，而且是一个更好玩、也许更有效的办法，就是你也来添油加醋。你肯定会受不了他的脏话，不过若是他满口跑飞机，你倒是不妨以更夸张的说辞来回击他，而且往往你也会乐在其中。换句话说，如果你觉得一定要制止他，那就制止他；不过你也不必总去制止他。

❖ 技巧三：和孩子一起快乐地享受文字游戏

你当然还可以和孩子一起很快乐、很享受地玩玩文字游戏，比如适合四岁孩子的一些很有趣的儿歌。假如你从不曾和你的四岁小孩一起享受过这些充满童趣的儿歌，你就不能算是真正地活过。比如，

一二三四五，上山打老虎，

老虎不在家，打到小松鼠。

松鼠有几个，我来数一数，

数来又数去，一二三四五。

还有，

小老鼠，

上灯台，

偷油吃，

下不来；

找妈妈，

妈妈不在，

骨碌骨碌掉下来。

四岁的孩子喜欢听他所熟悉的故事和歌曲，不过，几个

月以前他还总是很在乎那些故事和歌词一定要和他熟悉的内容一字不差；可是现在，他却故意把他熟悉的故事或者歌词篡改得十分滑稽好玩，比如说，把“天上星星亮晶晶”篡改成了“地上烂泥滑唧唧”，而且，他每唱一遍，歌词就能变得更荒谬一些。许多爸爸妈妈发现，和孩子玩这种篡改游戏或者吹牛比赛的时候，他们远比自己想象的更有本事。

❖ 技巧四：控制自己的负面反应

对任何一个四岁孩子的父母来说，很重要的一点就是，你尽量不要让自己被孩子的恶劣行为惹出负面反应来。如果你能够明白，孩子这种行为随时可能出现，你就不太容易因此而暴跳如雷了。

假如说孩子招惹了你，例如对你出言不逊（他们有时候就这样），你不妨和他玩一个“骂人游戏”，来宣泄他的（或者你自己的）郁闷。假装你也在真的骂人，要尽量用一些很荒诞不经的词语，比方说，“你是一个烧糊了的棉花糖”，“你是一只被拍扁了的虫子”之类的，一直骂到孩子忍不住大笑起来为止。

❖ 技巧五：要有专门陪孩子玩的时间

你一定要花些时间带孩子出去溜达溜达，探索奇遇，这是四岁孩子最乐意的事情。尤其是假如家里添了小弟弟或者小妹妹，你因此而格外忙碌的话，那么就更要专门拨出时间来，比方说每星期抽出整整一个下午，或者哪怕半个下午来也好，专门陪他玩。他可以挑选到什么地方、玩些什么来作为本星期的开心节目。（你可以先准备好一个节目单供他挑选，免得他提出的要求太不好满足。）他也可以自己准备一个小本子，记下他这个星期想要到哪里去看看去玩玩。（当然你需要帮他写下来。）

❖ 技巧六：巧妙地给孩子设定一些规范

由于这个年龄的孩子的确倾向于做什么都偏于过度，因此，为安全起见，你需要寻求一种最有效的方式，把他限制在你觉得能够接受得了的区域之内。关上房门之类的环境限制，已经不再像过去那么对他有效了。不过，绝大多数这个年龄的孩子却愿意遵守口头限制，比方说“不能超过那个转角”。实际上，四岁的小孩看来颇为喜欢而且尊重“边界”

与“限制”这种他本身所没有的东西。因此，一旦你能够为他提供这些东西，他反而十分乐意。

如果你来一句“规矩是如何如何”，那么大多数情况下，孩子能够遵守要求，尽管他们不明白为什么规矩要这么定。因此，“规矩是……”这一肯定句式，你几乎可以用于一天之中的任何场景。不过，更为明智的做法不是滥用这一技巧，而是仅仅用在相对大范围的、通用的情况下，比如说，“规矩是我们不可以打别人”“规矩是我们不抢别人东西”。你千万不要把这么好的招数浪费到单个事件上去，比如说，“规矩是你不许打约翰尼！”

“那样不公平！”这是另一句往往能收效不错的措辞，尽管小家伙还不太能理解这句话是什么意思。

给孩子设定具体的界限，或起码要求一个应有的形象，也可以将四岁小孩的行为规范在一定的框架之中。举个例子来说，他去看望奶奶时，举止有些过分，妈妈就可以用这样的话来帮助他收敛一些：“你是一个**客人**”，然后限定出几条“客人”应有的言谈举止。“客人”的形象很可能会引起四岁孩子相当的新奇感，从而令他在很大程度上遵守合理的限定。

❖ 技巧七：适当地给孩子一点甜头

“讨价还价”这一招，对许多孩子都很管用。当然，如果你不喜欢跟孩子来这一手，或者你觉得这样做实在太像是在贿赂孩子，那你就别用这招。不过许多四岁孩子的父母发现，一点小小的退让往往对事情大有帮助。换句话说，假如你给他一点儿甜头，那么你的孩子也会愿意而且能够回报你一点儿甜头。

❖ 技巧八：用富有挑战性的事物吸引孩子

这么大的孩子都喜欢“玩杂耍”，喜欢用全新的办法来做事情，因此，假如你遇到孩子不肯走，或者走得磨磨蹭蹭的情况，那么你可以提议朝着目的地双脚跳、单脚跳什么的，这往往能激起他继续往前的动力。

从一件事情到另一件事情的转换交替，对四岁的孩子来说已经比半年以前容易多了。不过，假如他既不肯放下正在做的事情，也不肯去做下一件事，那么，你不妨去热情洋溢地跟他说说下面要做的那件事，往往会对他十分管用。

❖ 技巧九：避免和孩子进入“雷区”

还有一个能避免你们亲子之间很多不愉快的通用法则，就是你要尽量避免“进入雷区”。总会有些你们一起做的事情，在某种情况下，很容易令你们之间发生冲突，这就是“雷区”。如果你能找出这些“雷区”，那么就应该预先做些什么来改变整个状况，而不要等到进入冲突之后才来当场教训你的四岁小孩。

有一件事情，是你的孩子从现在起最为痛恨的事情，那就是妈妈打电话，尤其是妈妈在电话上说个没完没了。孩子痛恨你打电话，因此在你打电话的时候，他们要做坏事、惹麻烦，把家里弄得一团糟；然后当妈的就又吼又叫、教训孩子、惩罚孩子。

当妈妈的一方面难免觉得一整天之中，就只有那么一点点属于自己的时间、自己的乐趣；另一方面你又会觉得自己煲电话粥的时候，把孩子撇在一边不管不顾，也实在是让人不好受。其实，如果你需要打电话，可以趁着孩子睡觉的时候，或者在外面玩的时候。你的这份体贴，不但能避免孩子的许多恶行，还能避免孩子因此而遭受的许多惩罚。

❖ 技巧十：使用正面而幽默的指令

四岁孩子的另一个特点，是特喜欢逗乐搞笑，因此，你的指令中如果能用上一些很滑稽的名词、形容词、动词等，那么孩子很可能更乐于响应和接受。比方说，如果你告诉孩子，不许去推小朋友，他很可能偏要马上过去推别人；可是你如果说“别当个傻乎乎的推土机”，他的反应就会正面得多。

一般来说，正面的指令比负面的说辞往往更有效果，也就是说，告诉他你要他做什么，而不是告诉他你不要他做什么。不过有些时候，否定句式反而更有效果，比方说，很夸张的否定句式：“不行！绝对不行！坚决不行！”再配合上你的强硬语气，往往能震慑住他，让他乖乖听令。

但是，总的来说，你要尽量使用正面的言辞，这才是最好的途径。假如你对孩子说他将会做得如何如何好，他八成真能做那么好。

❖ 技巧十一：用“惊奇”吸引孩子的注意力

和稍早些时候一样，孩子对任何新奇的东西都更乐于接受，如果你善用“不同的……”“你肯定想不到……”“你猜猜看会是什么？”之类的词汇，就可以很有效地引得他的心痒痒的。

除了这些词，妈妈如果能和孩子一起创造出一些只属于亲子之间的、具有特殊含意的词，比如说“咔沙拉嘛克哩”，用起来也会有奇效。这样的词，很容易就能从孩子的小舌尖上滚落下来，而且孩子会很喜欢这么叽里咕噜的一大串。如果这个词的特殊含义是亲子之间的秘密，那么它魔法般的效果更会让那些不明所以的人十分惊愕。

有一个四岁的小姑娘，每当她妈妈到朋友家来接她的时候，她总是十分抗拒，不但打妈妈，而且跑得远远的。可是，当她妈妈忽然说出那个特别的词的时候，她却立即醒悟了过来，收拾好东西，走到门口牵住妈妈的手，心里暗自得意妈妈说了一个除了她以外没有任何人能明白的词。

❖技巧十二：巧妙地使用“耳语”和夸张的语言

和孩子悄悄耳语，远比大声吆喝的效果要更好，这一点也和稍早些时候一样。至少，让孩子安静下来后，你能更容易抓住孩子的注意力。

转移注意力，这对所有学龄前儿童来说，正如已经有人指出的那样，都是货真价实的“魔法杖”。不过这一招，用在更小的孩子身上更灵验，但是用在心思变幻莫测，而且意念迅速转来转去的四岁孩子身上，却效果欠佳。但是，哪怕是这样，你的孩子也会有时候被卡在什么地方，你们俩居然也会陷入相持不下的僵局。在这样的情况下，与其和孩子继续搏斗下去，倒不如你立即想办法转移孩子的注意力，手边不同的东西也好，给孩子换个不同的环境也好，只要你能做得到，赶紧做。

既然四岁的小孩喜欢夸张，那么当你要求他做什么或者限制他不做什么的时候，用上一些夸张的说法会非常有效：“有全世界那么大”“一千万年以前”。还有，你说话的时候如果带上些很滑稽的词，也很有效：“一点点儿、一丁点儿、一小咪咪点儿”“笨乎乎、呆乎乎、傻巴小乎乎”……尤其是当你需要吸引他的注意、转移他的心神的时候，这种说辞一定管用。

❖ 技巧十三：不要吝啬对孩子的夸赞和嘉许

夸赞和嘉许，对四岁孩子的作用比任何其他年龄都更明显。夸张也许渐渐会被孩子识破而不再那么吸引他了，可是，嘉许却似乎永远都不算多。你可以说他的衬衣很酷，他的外套很精神，他的新鞋子很棒；你也可以夸他做事情的方式及充满创意的活动；如果他和别人一起玩，你还可以赞美他和小朋友的交情："我猜他肯定很高兴你用那个办法帮他弄好啦！"

实际上，就算你不夸奖他，他也会自己夸自己，你会很容易听见你的四岁孩子过来找你求证："我很聪明吧。"这时你不妨笑着对他点点头。

有一个办法，肯定能总是让你赢得孩子的心，那就是随时随地告诉他，你多么爱他。我们常常习惯于批评孩子、敦促孩子改进，却不太习惯于夸奖鼓励孩子，这需要我们不断改进。

❖技巧十四：建立良性的亲子沟通、紧密的亲子关系

除了要记得常常夸奖鼓励孩子之外，你还要好好记得，对任何年龄的孩子，包括对你的四岁小小孩，你需要常常和他交谈，这是一件非常重要的事情。几乎所有的孩子都非常

愿意能觉察到父母全身心地关注着他，因此也会非常愿意和父母交谈。如果你想要知道他心里想些什么，你不需要直接问，只需要和孩子交流。良性的亲子沟通，不但在矛盾尖锐的青春期期间至关重要，对这个年龄段的孩子也是一样。请倾听孩子，多和孩子谈心，你们的交流是建立良好亲子关系的最佳途径。我们研究孩子的最终结果就是，**你和孩子之间紧密的亲子关系，才是减少日常生活中矛盾冲突的根本，这是任何“技巧”都比不上的！**

❖ 技巧十五：正确地利用电视

如今这世界上已经有了一个特殊的、多遭人贬毁而很少被人赞誉的东西，倒还真能帮你不少忙，尤其是在下雨天——那就是电视。好好利用吧，放心用，同时也小心用，这是当今世界为我们的学龄前儿童提供的一个好东西。我们近期研究的所有的四岁孩子，都看电视。

所有男孩子的父母，以及几乎所有女孩子的父母，都强烈地认为电视给孩子的生活增添了色彩，当然，这指的是孩子喜欢的节目。所以，你不需要担心，大可好好利用电视频道提供给孩子的节目。看电视可能成为你最好手法之一，既能帮你填补一些时间空当，又能满足他们对新奇、对活动的不断要求。

要挑选出合适的节目，也许不那么容易，尤其是当家里有更大的孩子的情况下。你们需要好好挑选，选出一个固定的、你认为内容不错的节目，作为属于你四岁小孩的“**专属节目**”。这样才能确保他更容易遵守你对他看电视时间的限制，避免他去看那些他无法理解的，甚至感到害怕的节目。

如果在他的节目中出现教他认字、数数、认识大小形状等内容，只要他愿意，你不妨让孩子的兴趣做你的向导。学这些东西并不会让他变得更聪明，也不会让现在不去学的他能更早地学会阅读。还有，你也不要鼓励孩子去找小朋友或小邻居炫耀他学的这些东西。只要孩子和你喜欢就好了！

最后，请你牢记，一旦你能够明白一个四岁的孩子应该是怎样的孩子，这将有助于你按照孩子的本色去欣赏他。究竟应该怎样和孩子相处，你完全可以根据你对孩子的了解——量体裁衣。

2. 管教孩子：合理限定孩子的生活环境，帮助孩子表现出良好的行为

有关与孩子相处技巧的讨论之后，接下来，我们想稍微谈一谈对管教孩子的看法。管教这个词，你们大多应该能理解，和惩罚并不是一个意思。管教更应该是一种对孩子生活环境的限定，以帮助孩子表现出好的、有效的、你希望的行为来。前面有关和孩子相处的技巧，本身就是一种管教孩子的形式。

❖ 明智宽容的管教理念

你自己的管教理念，也许是一种传统的、以父母为权威的观念，指望着你怎么说孩子就怎么做，哪怕你的要求不合道理，或者超出孩子的能力所及。或许反过来，你是十分纵容孩子的父母，无论孩子如何异想天开，你都会允许他去做。

还有另一种可能，你管教孩子的原则依照了我们称之为**明智的宽容**（或者灵活地控制）这一政策，而这正是我们所要倡议的。也就是说，你对孩子的要求和期望，应该符合孩子生长成熟的水平所能达到的高度，符合孩子的特殊个性。一旦确认了你的要求是合情合理的，那么，你就要坚持你的要求。

你越能把握好这个合理度，你管教孩子的效果就会越好，不但能减少孩子的抗拒、反叛，而且孩子的“坏”行为也会更少，遭到的惩罚也就更少。（当然，没有哪家父母能做得十全十美，任何家庭中，总会出现一些不愉快的事情。）

❖ 选择对孩子有效的管教方式

假如真的需要惩罚孩子，那么你可以采用哪些方式来惩罚他，这一部分要看你自己的脾气性格，另一部分还要看什么样的做法对你的孩子有效。让孩子短时间单独待一会儿，会对某些孩子有效；取消孩子的一些权益，会对某些孩子有效；有些孩子骂他几句就能起作用，有些孩子却需要动些真格的；也有孩子偶尔需要打打小屁股。不过，打屁股绝不能成为你处罚孩子的主要招数。

某些“行为修正派”的人认为，只要你赞扬孩子好的地方，忽略孩子不好的地方，你就能最终让孩子听从你的意愿。而有些人觉得这种方式不但把事情搞得很复杂而且违背自然天性。不过，如果你想要尝试这种做法的话，我们建议你一定要先读一读罗杰·麦克因特里的著作《为了对孩子的爱》。

还有另一个管教学派，迄今为止80年来，一直坚持一种具有合理逻辑的管教原则，叫作“逻辑后果”，倒是相对比较成功。所谓的逻辑后果是说，假如一个孩子做了某些他不该做的事情，或者没有做他应该做的某些事情，那么这个孩子需要承受他行为的后果。比方说，假如孩子把小三轮车忘在了外面，车子被人偷了去，那么他就没车子骑了。

❖ 管教原则：父母的步调始终保持一致

诚然，每一个做家长的，都会摸索出符合自己理念的管教原则、符合你和孩子各自独特性情的管教方式。但不论是什么方式或者原则，最重要的一条，也许应该是爸爸和妈妈的步调要一致。哪怕你们做不到每一个细节都一致，至少在大致上不要相左。当父母合作的时候，特别是如果你俩针对什么才算是对孩子合理的期望有相当深度的理解的话，那么，作为父母，你们有很大机会能够帮助到你们的孩子，让孩子的行为不但舒展而且有效，至少在大部分时间里都能如此。

3. 给父母的提醒：你需要避免的事情

1. 假如你的四岁孩子不肯遵规守矩（他肯定会常常这样），你不要过于焦虑。一定程度的精力过盛是孩子的天性，是正常现象，而且很可能是孩子的生理需要，因为这个年龄的孩子需要不断地在从三岁半的飘忽而多变到五岁的沉静而温和之间，时时求取平衡。

2. 假如你的孩子，男孩也好女孩也好，对你撒谎、骂脏话、胡乱吹嘘，你不要如临大敌，也不要惶惶不安。这样的行为实在应该说是四岁孩子的本色。你当然可以，而且相信你也肯定会采取不认同、不欣赏的姿态，只不过你完全不需要为此紧张。

3. 实际上，你要尽量避免以“道德”的尺度来过分评判孩子身上常常出现的不合体统的行为。等孩子再稍微长大一些，他们的行为很有可能会变得很保守、很温顺、很合乎你的心意。

4. 不必竭力去寻找某些刺激，以求激励对某样事物不感兴趣或者不够活跃的孩子。**成就**是任何年龄的孩子的最佳动力。只要你能够依照孩子的个体性格、成熟水平，和他能够应付和处理的程度，为孩子准备好东西、提供给他机会，那么，任何孩子都能被激发出对某项活动的兴趣来。

5. 不必担心你是否应该做些什么来提高孩子的智商。据我们所知，孩子基本的智力水平很大程度上由遗传因素来决定。你可以而且应该给予孩子恰当的激励，但是，请不要下意识地担心孩子的智力水平。

6. 不必担心你是否需要教导你四岁孩子学会认字。你只需要读书给孩子听，而且家里要随时有书可读。一旦孩子自己开始从书里找出一些最基础的字母或者单词来请教你：“这个字怎么读？”你不论多忙都一定要回应他。但是，切忌拔苗助长。你一定要确保孩子本身也对读书（或者数数）感兴趣，而不仅仅是你在对此感兴趣。

7. 假如你的孩子到了这时候还要吸吮他的大拇指、抚弄他的小棉毯，或者仍然沉溺于其他更小的时候孩子宣泄紧张的动作之中，请你不要认为现在已经到了应该强迫他改掉这些“毛病”的时候。再多等几个月，有些“毛病”会自然消失。

8. 假如你的孩子这么大了有时候还会半夜尿床，甚至每天夜里都尿床，请你不要觉得“尿床”是个大事儿。许多十分正常的孩子往往要长到五六岁甚至更大些之后，才能发育到整夜不尿床的程度。（替孩子垫得好一点、紧一点，你就能少洗很多东西。不要烦躁，不要担忧。）

9. 假如你孩子的小朋友有些让你讨厌的动作或行为，比如说，露小肉肉、骂脏话、性游戏等，请你不要去责怪他们。今天也许是小邻居先挑起的头，明天却很有可能是你自己的孩子先挑头！

10. 不要只惦记着孩子的一些不那么讨人喜欢的行为，你要充分享受他在四岁期间格外的妙趣横生、活泼好动，以及洋溢的热情。

身体与心智突飞猛进——四岁孩子所具备的能力

四岁的孩子就像是一个充满气的皮球，有着无尽的活力。他们的肢体需要剧烈的活动，他们有说不完的话、做不完的事情。在说说笑笑、打打闹闹中，其运动能力、表达能力、思维能力都得到了极大的发展。在日常生活中，你或许会惊讶孩子的变化。但是孩子有个体的差别，家长们要尊重自己孩子独特的发育速度和进展模式。

1. 尊重孩子：每个孩子都有自己的发育速度和进展模式

只要你的孩子在你看来发育正常，他的举止和你家里其他孩子这么大的时候差不多，或者和邻里其他同年龄的孩子差不多，那么，你就不必下意识地以为你的四岁孩子特别有本事，或者反过来，特别的没本事。

你要记住，一个孩子的智力水平和发育成熟度是两件不同的事情，这一点很重要。一个孩子可能非常聪明，另一方面行为却又偏于幼稚；或者反过来，他可能不怎么聪明，但以他的年龄来看却显得有些早熟。不论这个孩子聪明与否，成熟与否，牢记下面这几条很重要。

首先，请记住，智力水平在很大程度上来自于遗传。诚然，你自然要尽可能地给孩子提供各种恰当的刺激，让他的生活更加充实更加有趣。但是，不论你多么努力，十有八九你根本不可能改进孩子的天生智力水平。而且，即使你的孩子不是一个又出色又聪明的人，他也将会拥有一条很好的人生之路，只要你别去太过操心以他的智力水平怎么会拿不到“优良”。

至于孩子的成熟度，也是同样的道理。我们针对一个四岁的孩子应该具备何等能力的预测，仅仅是一个平均值。任何一个孩子，都可能会比我们或者任何其他人设想的发育进程表要成熟得稍微慢一些，或者稍微快一些，这极其正常。如果你的四岁孩子碰巧似乎没有达到一般的四岁孩子应有的成熟程度，那么这也不过是在告诉你，等孩子该上学的时候，你可能愿意让他比法律规定的上学年龄晚一些上学。你完全没有必要为此焦虑。

在你学习任何一个年龄的典型孩子会具备哪些能力之前，我们需要首先明确地告诉你，实际上没有哪一个小朋友会是真正意义上“典型”的孩子。当我们描述四岁孩子（或者任何年龄）的“典型”行为时，我们指的是大部分或者绝大部分孩子，在这样的年龄，往往会有这样的能力。

但是，还会有许多孩子，会根据他们自己的进程表来成长，而这个进程要比平均水平偏早一点或者偏晚一点，因此，他们的某种行为特征的出现，也会比我们描述的平均值偏早一点或者偏晚一点。还会有许多孩子，因为他们不同的个体差异，甚至可能永远不会表现出某种我们预测的行为特征。

且让我们以一个年龄规范为例来看看具体的情形。比方说，在我们看来，四岁孩子有很典型的不听话、不肯遵规守矩等行为特征。假如你有一个温和的、安静的、遵规守矩的、自觉听话的孩子，那么到了四岁的时候，他肯定会比他自己三岁或者五岁的时候要张狂许多，但是他却很可能在四岁时也张狂不到哪里去。或者另一种情形，孩子的发育进程相对有些慢，尽管他相当有天赋，可是他的“四岁张狂”却很有可能到快要五岁的时候才显现出来。也就是说，某种行为的出现时间有可能更早或者更晚。

还有，针对本章所描述的四岁孩子所具备的能力，你也一样，切不可刻板地对照，要给自己的孩子留出一定的范围来。孩子达到某些能力的时间，哪怕超前或者滞后一年，都仍然属于正常范围。

举个例子，根据个性的不同，每个孩子对书的兴趣、对正规学习的兴趣都不一样。还有，他可能在某些方面（比如语言能力）发育超前，可是运动能力却还不够成熟。请记住，每个孩子都有他自己的发育速度和进展模式。

❖ 运动能力获得全方位的提升

典型的四岁孩子，因为更高的身体能动性，再加上精力旺盛、不肯安分，往往是一个出色的小永动机。他喜欢奔跑、攀爬、跳跃，总要动个不停，也喜欢说个不停、叫个不停。他喜欢夸张，不但声音夸张、动作夸张，用的词也十分夸张。他还喜欢讲那些很大的（大得不得了）东西，而且也爱做些尺寸很大的东西。他画起画来纵笔如飞，你需要有足够大的空间来容纳那些能堆成山的作品。

他简直有用不完的精力，做什么都有力气、有干劲，让你觉得他随时准备好了做任何事情。一些有难度的动作，在半年以前还会令他感到不安和害怕，现在却变成了他很喜欢去响应的挑战。他喜欢更难，喜欢更勇猛；他喜欢在场地间、斜坡上纵横驰骋。

前面我们讲过，四岁孩子是个快字当头的小人儿，不管要做什么，他不但很快就做出决定，而且还很快就动起来。

❖ 身体各部位的动作协调能力提高

四岁孩子身体各部分动作的协调能力比以前大大提高，

在肢体运动协调方面常常显示出惊人的能力：闪转腾挪、攀爬跑跳等都能运用自如。他的平衡感也大大增强，可以做出一些需要相当复杂的肌肉控制技巧的动作，而且非常乐意在各种身体造型中展现自己的本领。这个时候你可以向他介绍一些新的动作游戏，比方说拍膝盖、摸脚丫，或者躺在雪地里伸展开手脚画小天使等。显然孩子还特别喜欢那些能刺激到内耳平衡的行为：转圈圈、荡秋千、翻跟头等。（译者注：我们的内耳，有协助身体平衡的功用，人体能顺利完成走路、跑步、跳跃等各种姿势主要依靠的就是内耳的平衡功能。如果这个平衡系统失调，就会出现头晕、恶心等症状。而像转圈圈、荡秋千等行为很容易导致内耳系统一时失调，使得孩子头晕目眩。）

实际上，从这时起孩子对自己的能力已经有了内在意识。伴随着对肢体动作更加熟练的把握，以及自我意识和身体感觉的萌芽，更多的内心感受开始彰显出来。正因为如此，这个年龄的孩子喜欢新鲜的动作，他也许会随着鼓点或歌声而富有创意地手舞足蹈。（内在意识也明显地表现在他对自己的肚子、心和骨骼的关心和兴趣上。我们从他经常说肚子疼这个事实中不难看出这种端倪。）

有些时候，他实在是太需要肢体的活动了，如果这时你没有给他提供足够的机会去宣泄掉他旺盛的精力，反而想要约束住他，那么他很可能变成一个让你十分棘手的小捣蛋。假如你正为此而苦恼，不妨让孩子尽量把时间用在户外玩，尽可能给他提供丰富的活动设施，让他有充足的机会展示他的强壮和灵敏。他不但能通过自身的活动来感受他的强壮，而且还希望你也能够感受到他的强壮，告诉他他多么棒。他也许会过来对你说："我很厉害吧！"

❖ 平衡控制能力获得提高

平衡和运动所需要的控制能力，在过去的几个月中，有了引人瞩目的进展。四岁的孩子不但可以一步一个台阶地上楼梯，还可以一步一个台阶地下楼梯，至少最后的几级他能做得到。他可以单脚站立 4~8 秒，还可以单脚跳。他既可以来个助跑跳远，也可以立定跳远。他能够从两尺高的地方双脚一起着地跳下来。他还能双脚踮起脚尖连续快速轻蹦，5 秒钟之内可以蹦起来 7~8 次。

不少孩子已经可以开始学着用轮式溜冰鞋；有些协调性更好的孩子甚至可以骑儿童自行车了（后车轮如果装了辅助轮的话）。

他已经能够很有力度、轻松地、熟练地运用他的双腿，这使得他的身体动作变得相当雅观。绝大多数孩子已经会大跨步地走路，步伐的摆动开始像成年人了。

男孩子们，也有些小女孩，正在迅速成为运动健将，他们很为自己做出的那些需要精细平衡能力的特技动作而感到骄傲。玩球的时候，多数孩子已经能够用手而不是挥动整只胳膊来接球。他们能够判断投掷的方向，扔球比以前更到位。男孩子大多会用高手投球或者举手过肩的动作，以水平力量向前抛出去；女孩子的投掷动作则多是举手过肩朝下挥舞。

❖ 手指的灵活度和精细度提升

手指的控制比以前更加灵活熟练，孩子们已经可以自己处理小物品、扣上扣子、解开扣子、系鞋带，还能够用绳子穿珠子，包括小珠子。大部分孩子能用剪刀剪出直线来，能端平一杯水而不洒出来。他们很乐意玩那种需要摆弄很多小东西的游戏。

尽管四岁孩子天性喜欢很多活动和运动，喜欢上上下下来回折腾，但是，他的注意力持续的时间也同时增加了，这使得他能够比以前更长久地专注于一项活动。事实上，尽管他酷爱体能活动，但他仍然能够坐得下来，特别是面对一些很有趣的手工活动时，他能够坐相当长的一段时间。

❖“多动症”

我们曾听到针对多动症这种行为的很多谈论，它对我们来说并不陌生。假如一个孩子十分好动，似乎永远都安静不下来，既不可能坐在那里不动，也不可能专注于一件事情做下去，哪怕他想要关掉自己的发动机都做不到，那么，这个孩子就会被我们贴上一个标签，叫**多动症**。

真正患了多动症的孩子，是那种几乎完全不可能慢下速度来、集中注意力的孩子。一个学龄前的多动症孩子，能把每一个人都累瘫掉。随着他慢慢长大，他往往发现自己非常难以“举止得体”，甚至根本做不到，他的学习成绩也因此而一塌糊涂。

活泼好动的学龄前儿童似乎个个都“永远停不下来”、“手脚从不闲着”。要想区分出孩子的这些行为到底是正常现象还是真的多动症，往往令家长十分头疼。这种情况下，你最好去请教医生或者儿童专家，而不要自己妄下定论。

2. 视觉能力：以行为为导向，视觉空间变大，视觉反应更加外向

典型的四岁孩子的视觉模式是流动的、灵活的和松散的。在视觉上他显然比三岁的时候更加稳定，视觉反应也显然更加外向。他注意到了地平线，常常为了追寻地平线而走出很远。

❖ 视觉空间增大

四岁孩子的视觉空间越来越大，很喜欢户外活动；如果在室内活动的话，他不喜欢被拘束于一个房间或者一小块活动区之内。在幼儿园里，他的行动往往从一间屋子转到另一

间屋子，甚至去到大厅里。他的确是“外”向的。我们必须小心地为这么大的孩子设立边界，以免他走得太远而遇到危险，比方说，他跟着一只小狗走到了水塘的薄冰上去。

四岁孩子的旺盛精力使得他身体的活动出现新一轮的爆发。他像个神奇的小魔法师，尽管他分不清真实和幻想。他夸张地运用那些新学的字眼，一边吹牛一边快乐地转动着他的大眼珠。

❖ 热衷于各种视觉动作

现在，不论是大范围的视觉动作，还是精微细小的视觉动作，都能令他感到十分新奇，而且乐在其中。在户外活动时，他喜欢在攀登架上攀爬，喜欢玩球、骑三轮车，有时甚至是两轮自行车。市面上出现的轻软的塑料棒球棍和塑料棒球，使得打棒球这种简单的球类活动更加好玩。新出产的更小尺寸的两轮儿童自行车，可以让孩子不再需要辅助轮就能学会骑行。如果孩子骑在车上时双脚能够到地面，那么他在练习的时候就少了很多困难。

在自行车上保持平衡的秘诀在于孩子双手的把握：如果躯干向前弯曲，那么孩子的双手就更容易控制力度。一旦孩子对自己的双手有了信心，他就能学会骑车了。传统三轮车的新设计，让座椅更贴近地面，减少了翻车的危险。这种更大运动量的肢体活动，不仅男孩子喜欢，女孩子也一样喜欢。

线条画、涂色、毛笔画等，四岁的孩子远比以前更驾轻就熟。一把好的圆头剪刀，也很招这些小艺术家们的喜爱。七巧板、积木以及其他建造材料都很受欢迎。

❖ 视觉以行为为导向

“看”这个动作，现在以行动为导向。正因为如此，孩子喜欢坐在离电视机很近的地方，好像这样他也就参与到电视里的活动中去了。家长们应该牢记，在孩子这个以行动为导向的年龄段里，看电视并不是一个替代其他活动的好选择。

描述空间的词汇丰富了很多。孩子这时候已经能准确地回应对位置的指令，比方说你要他把球放到椅子的“上面”、“下面”、“背后”、“旁边”、“前面”。你要是指引他在家里找个什么东西，他的反应也比过去准确了很多。他能找到自己的衣服，也知道玩具捡起来该放到哪里。

如果孩子长这么大还没有做过视力检查，那么现在就应该去做检查了。四岁的孩子已经可以听从指令注意到不同的地方，并能回答问题了。而且，他还有了足够的能力，在检查所需要的15~20分钟的时间段内专心配合。当他的专注力用光了的时候，他会从检查椅上跳下来，推开房门，逃出去！

如果医生的动作足够快，那么四岁的孩子就能够配合得很好。在认读视力表的时候，他会认真回应，如果上面有他名字里的字母，他也许能认出来。他在看东西的时候，两只眼睛能同时动作。双眼的合作比过去更协调，不再那么依赖手的指引来协助聚焦。孩子在这时候有一些远视是正常现象。他的视力敏锐度往往在20/20，或者很接近这个值。（译者注：在美国，“20/20”是一种常见的表达方式，拥有20/20的视力，即说明当你站在离视力表20英尺之外时，能看到“正常”人在此距离所能看到的东西，表示你的视力正常。按照公制换算，该标准为6米，因此也称作6/6视力。）

3. 动作协调能力

❖ 手眼协调能力提高

你那活泼的四岁孩子是个粗线条，往往不但动作幅度大，情绪变动幅度也大。不过，当他坐下来使用他的双手时，你可能会惊讶地发现，他居然也可以有那么细致的动作。眼睛和手的协调能力进一步提高，手指的动作也越发细微而复杂。

孩子在三岁时还有许多动作做不了，到了四岁时已经不在话下了。四岁孩子搭积木的技巧精细了不少，他已经可以模仿图二的样子，用五块积木搭建一道门，而且架在中间的

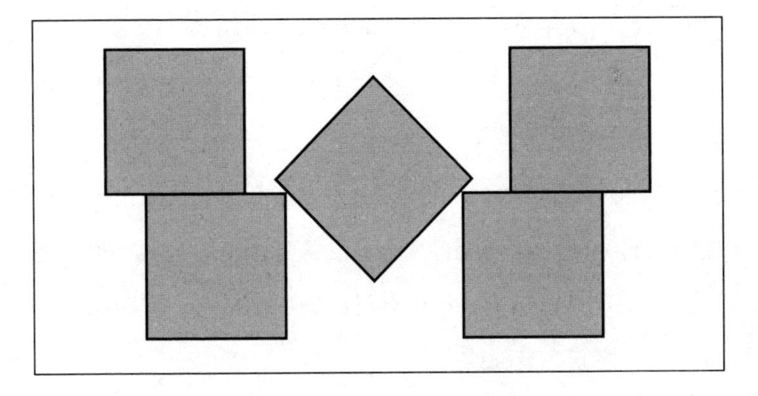

图二

小方木可以刚巧不掉下来。到了四岁半的时候，他已经完全能够按照图示搭积木，而不再需要看你先示范一遍了。

❖ 绘画能力增强

铅笔和蜡笔的运用，他也掌握得越来越熟练。三岁的时候他可以模仿你的样子画一个圆圈，现在四岁了，只要你示范给他看，他就能照着你的样子画一个十字叉。到了四岁半的时候，他的成熟度就更进步了，可以学着你画一个四方形。他也能模仿出一组东西的顺序来，比方说，按照模型上的顺序，用绳子穿不同颜色、不同形状的珠子。许多孩子已经可以完全不出错地在十孔模板上摆出各种形状的东西，如方形、圆形、星形等。

假如你要四岁的孩子画一个人，那么你能认得出他画的是个人，只不过这个人有个土豆形的身体，而且五官也可能长在“土豆身体”上。他也有可能画一个有头、有眼睛、有身子、有胳膊、有腿的人。

如果你要他把一个不完整的人画完整了，他多半会再加上五个部分，往往会是腿、脚、胳膊、手、眼睛或头发或耳朵。等到了四岁半时，如果你要他把一个不完整的人画完整了，他则多半会加上七个部分，除了刚才的那五个部分之外，还会在身子和脑袋之间加一条线，代表脖子。他这时画的小人儿也常常显得很张狂，头发、胳膊和腿都会比半年之前画得更长。而且，许多四岁半的孩子，本着他们对卫生间和肚脐的偏好，大多会给他画的小人身上加上个肚脐眼儿。（请看图三）

大多数四岁的孩子很喜欢画画，喜欢给填色书涂色，而且喜欢沿着图形的外框，把颜色涂得满满的。许多成年人认为，这种涂色可能会扼杀孩子天生拥有的艺术才能。我们却觉得，只要你能够给孩子提供充分的机会，让他们去体验自

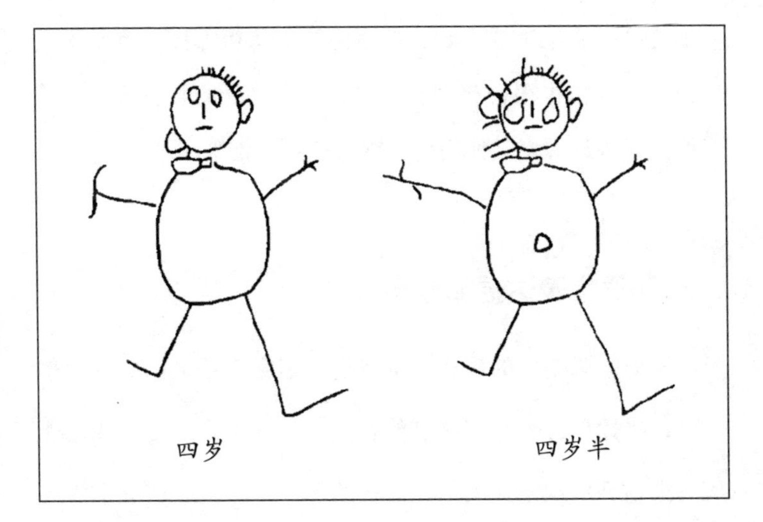

图三

由创作，这种涂色并不会影响到孩子。实际上，许多四岁孩子很喜欢沿着涂色书上图形的外框描摹，喜欢沿着书上印出的虚线画出一幅线条画来。

❖ 能够灵活运用剪刀

这时候，许多四岁的孩子对剪刀的运用也相当灵巧了，他们可以沿着直线比较像样地剪下一个图形来，然后依照一定的顺序，像贴连环画一样，逐个贴到纸上或者本子上。他们也能把一张纸剪成几块，然后像拼七巧板那样，重新拼成一张纸。他们也很喜欢拼大块的、不太复杂的彩色拼图。随着他们越接近五岁，他们玩拼图的技巧会越来越高。

❖ 语言表达更加有序

孩子协调能力的提高，也体现在语言表达上。四岁的孩子可以描述出几个相似物品的相同之处和不同之处。他还能从三个物品中找出最大的、最长的那一个，可以把五个木块按照从最重到最轻的顺序摆放出来，而且很少出错。他能根据东西的形状，把形状一样的东西拿到一起，或者把一定形状的东西填到相同形状的凹槽里。

一部分的四岁孩子，尤其是年龄稍大一点的小孩，开始对写出他名字里的字、他年龄的数字，显露出相当强烈的兴趣来。不过他写出的字往往个头很大，每个字都有两寸大小。请注意，一方面我们绝对不应该要求孩子在这个年龄就开始学习写字；另一方面，当孩子自发地开始学习写字时，我们则应该予以鼓励和支持。认字也一样。

4. 玩耍与嬉戏：变幻莫测，极具创造性；喜爱户外活动和角色游戏

四岁的孩子在自由玩耍时很少有问题。他们随时准备好了去做任何事。几乎所有的玩具和物品都能吸引他，若是哪样东西凑不齐数，四岁孩子总能用他丰富的想象力找到替代品。

但是，孩子的玩耍往往变动太过快速，一会儿拿这个一会儿拿那个，一会儿这么玩一会儿那么玩，一会儿在这里玩一会儿在那里玩……因此无论玩什么，他都可能需要有相

当大数量的物品才玩得过来。父母一方面需要给孩子准备比较充足的供应，比方说纸张；另一方面也需要设立规矩限制孩子的使用量。而且，父母最好在活动开始之前先把规矩说好，而不是在孩子玩得热火朝天的时候才来加以遏制。

❖ 喜欢户外运动

四岁的孩子最喜欢的恐怕是身体上的活动，在户外就更好了。但凡能有机会到外面去玩，绝大多数的四岁孩子都会满心欢喜。这样的户外活动不见得需要事先计划、安排。每一个四岁的孩子都喜欢在外面玩，不但因为他有用之不竭的能量、丰富活泼的想象、能够把任何事情都变成一场好玩游戏的本事，还因为那里有足够的场地任凭他恣意玩耍。

到了四岁，大部分孩子都可以独自在家里的后院玩，父母不必随时守在旁边，只需偶尔过去瞄一眼就可以了。当然，到了四岁半就更不在话下了。

看到这里，你应该很容易明白，为什么那些更自由的、以户外为主的活动，会比那些在摆有东西的狭窄室内、由学校安排的学前班式的活动，更适合于四岁半的孩子了。

攀登架是非常适合四岁孩子的设施，孩子不但可以爬上爬下，还可以施展各种好玩的杂技，比方说倒挂下来或者单手悬吊。要是有个滑梯，有个可以挖坑打洞的地方，或者有块平地可以骑他结实的小三轮车，这无疑都能给他的快乐锦上添花。不过，即使在没有多少设施的后院里，四岁的孩子也能把那里变成很好玩的游戏场所。

夏天的时候，如果可能的话，带孩子到海边或者乡下去玩。四岁孩子已经不小，能够欣赏花草树木了；然而很遗憾的是，许多城市里的孩子远离了（而且继续远离着）大自然的奇妙。你看看手上拿着一朵花或者一个小甲虫的四岁小孩吧，他的眼睛里有多少敬畏和惊奇！

❖ 无尽的想象与幻想

许多孩子已经开始接受宗教的影响，神不但可能成为孩子词汇的一部分，而且还可能成为他的思想、他的为人的一部分。有人曾经问一个四岁半的男孩子，他最喜欢的是什么，他认真地想了想，说："我最喜爱的是天空、大山、花朵，还有全世界。"这个"全"的概念，已经包括了整个世界。

男孩也好，女孩也好，尤其是男孩子，差不多都喜欢大运动量的体能活动，比方说骑飞车、滑滑梯、挖沙坑等。搭大型积木也是他们所喜爱的。大型积木常常被孩子组合成叹为观止的构造：房子、商店、堡垒。孩子的肌肉很需要这种搬动重物的活动。一旦这类建筑工程竣工，孩子们常常钻进去玩他们的幻想游戏。（他们也喜欢钻到某个角落里、某个隐蔽处，躲在里面讲悄悄话，偷着咯咯乐。）

孩子们也可能把大型积木与卡车、货车、轿车和火车组合在一起玩。尤其是男孩子，还会搭建复杂的道路、导轨和隧道等，一两个小头目往往能指使"一帮"小帮工。不论是不是配合着大型积木一起玩，轿车、火车、卡车、飞机等都是他们的最爱，男孩子喜欢所有长着轮子的东西。

还有，由于四岁孩子向往奇遇，向往新奇，所以他很喜欢你带他出去远足、探险，去各种博物馆……哪怕最简单的，你带他在小区里溜达溜达。

四岁孩子生动的想象力，往往使得他的玩耍变成最有创造力的幻想情景剧。他可以“装扮”成任何角色。一群孩子在一起，只需要半个小时，他们就可以扮演过妖怪、宇航员、强盗和售货员。他还会假装是一名摄影师，手上拿着一架宝丽来相机，给谁拍一张快照，一分钟以后再假装取出那张快照来给大家看。

❖ 角色游戏

玩过家家肯定是少不了的。小女孩通常喜欢扮演妈妈、奶奶和宝宝；小男孩通常喜欢扮演爸爸、爷爷，或者是上门兜售东西的人。（假如没有更好的角色了，他甚至愿意扮演一只宠物狗！）玩买卖东西的游戏也和过家家一样，是孩子们最喜爱的游戏之一，每个孩子都抢着要当柜台后面的售货员！

玩洋娃娃，这种最传统的幻想游戏，往往能被四岁孩子玩得花样百出。洋娃娃不但可以去野炊，还可以上幼儿园，甚至“他们”会搬家到另一个城市去。

衣装打扮，也是四岁孩子的热门游戏。男孩也好，女孩也好，都喜欢穿大人的衣服。男孩子一律偏爱牛仔帽和手枪套，女孩子则喜欢长裙子、面纱、帽子和手袋。男孩子这时已经很少像他们更小的时候那样喜欢穿上妈妈的高跟鞋、戴上妈妈的帽子了。四岁的小孩还喜欢玩婚礼，“新娘”和“新郎”会从家里的旧衣箱里翻出父母以前的衣服，精心打扮自己。

❖ 绘画以及其他游戏

很多种可以发挥他们创造力的活动，比方说蜡笔画、毛笔画、手指画、剪纸画和糊纸画等，都依然是四岁孩子的最爱。有些孩子还会自己画出一些字或者数字来。捏橡皮泥或者彩色泥的游戏，一般来说更受小一点的四岁孩子的青睐，等他们快到五岁时，则往往会觉得这种游戏单调了些。

还有不少他们更小时候喜欢的游戏，现在他们也仍然喜欢玩。各种积木类的游戏，比方说塑料积木、瓦片积木、拼插积木、木块积木，还有乐高积木等，仍然受孩子们的钟爱。大多数四岁的孩子喜欢多米诺骨牌、彩色拼图或者简单的扑克牌游戏。等他们长到快要五岁时，不少孩子开始喜欢玩需要累积点数的游戏，不过这种游戏需要妈妈或者老师在旁边解释他们每次游戏积了多少分。还有，在这种游戏中，孩子很在乎是否能得第一名，还很在乎输赢。

一些比较贴近生活的事情，也很招四岁孩子的喜爱：他喜欢“帮”你洗车、拖地板、擦窗户。实际上几乎所有跟水有关的活动都非常受四岁孩子的青睐。可是，家长却往往不太喜欢这种活动，他们担心孩子把水洒得到处都是，担心孩子弄得自己浑身湿透。其实只要稍微动动脑筋，你就能够想出一些办法来，给孩子创造机会，让他们去玩这些充满乐趣的、畅快身心的游戏。吹肥皂泡也是一项格外讨四岁的孩子喜欢的游戏，而且还是父母容易控制得好的游戏。

❖戏剧性的故事＋丰富的画面＝孩子最爱的书籍

书本仍然是大多数四岁孩子的最爱，而且占他生活中一个相当大的部分。不论是有人读给他听，还是他自己“读”，许多孩子这时候都已经有了自己喜欢的书，而且能专注于一本书相当长的时间。这个年龄的孩子格外喜欢书中的幽默，四岁的孩子几乎无一例外地喜欢《我想把我的卫生间涂成蓝色》《别人的核桃树》，还有斯杜·亨普尔的《滑稽书》。

四岁的孩子除了喜欢滑稽逗乐的书之外，他们读书的品位偏好也开始各有不同。有些孩子喜欢异想天开的幻想故事，比方说《好奇的乔治》《桑树街》，以及《马克儿里卡塔的水池》；而有些孩子却更喜欢真实的事情。

既然四岁孩子的特征之一是“不肯遵规守矩”，那么他们对戏剧化故事的如饥似渴自然不会令你太过惊讶。再离奇的故事也不会超越四岁孩子层出不穷的想象力。复杂的情节，甚至有点可怕的情节，只会使得孩子对他们喜欢的故事更加着迷。从坏蛋的手中奇迹般地把人救下来，和《格林童话》一样令人神往。但是，我们必须仍然小心呵护孩子柔弱的小心灵，他们这时还接受不了恐惧的或者情节紧张的故事。

这个年龄的孩子喜欢复杂的画面，里面的细节越丰富、越纷繁，他们越喜欢。和两岁的孩子喜欢单一的画面相反，四岁的孩子喜欢从画面中搜寻各种不同的细枝末节，以刺激和满足他们不断拓展的兴趣和想象力。

❖ 享受音乐的美

音乐这时候也能抓得住很多孩子的心了。他们不单单是喜欢听他们心爱的歌曲，更喜欢一起参与到音乐的快乐中去。稍大一点的四岁孩子不仅可以拍打出相当有韵律的节奏，还能拿着指挥棒“指挥”合唱。他们喜欢环绕在老师的周围，一边唱一边跳。

❖ 越来越受电视的吸引

我们前面已经提到过，电视正越来越吸引孩子。几乎所有四岁的小孩都看电视，除非那些生活在偏远地区没有电视的人家。女孩子一般都比较乖巧，通常会乐意接受父母可以看什么、什么时候看的规定。男孩子也一样能接受父母的规定，比方说可以看多久，不过有时候他们会不认同父母关于看什么节目的规定。

尽管看电视可能会产生某些问题，但许多父母都承认，看电视的确带来了一些好处，不但能让孩子安静下来，而且孩子看得还很开心。与此同时，许多父母也都认为应该对孩子看电视加以限制，否则孩子会太痴迷于其中。当然，也有些父母反对看电视，他们觉得那纯粹是一种被动活动；还有人觉得电视让孩子看到的是被歪曲了的生活。尽管如此，大多数父母还是感谢电视给他们带来了一定的解脱，虽然他们仍然可能指责电视。

❖ 喜爱小动物和植物

饲养宠物，无疑给四岁的孩子（其实任何年龄的孩子都一样）带来了很多的快乐，更增加了孩子对生命的切实感受。孩子能从饲养宠物中学到很多东西，不仅仅是生命与成长，而且他还能通过照顾要求相对简单的宠物，学会对别人负责任，如果你对孩子的要求不太高的话。

生命期不长的小宠物，比方说蛇、青蛙、毛毛虫等可以养在玻璃缸里的小动物，既可以让孩子感到非常新奇和激动，又不需要太多的照料。龟类动物永远受孩子的欢迎，有的小乌龟甚至能和孩子培养出“感情”来，格外受孩子喜欢。

栽种一些很容易生长的植物，虽然需要的照料更少，却也一样需要孩子承担一定的责任。即使是幼小的四岁孩子，也能很清楚而且很高兴地认识到，他种的小植物之所以能够活下来并长大，那是因为他为它付出的劳动。

5. 交流能力：以同龄人为主要交流对象，互动交流增强

四岁的孩子往往是一个以自我为中心的小人儿，不过他的这种自我中心，却乐于包括和他同龄的小伙伴在内。任何一个四岁孩子，只要他和别人在一起，比方说一两个成年人以及一群小朋友，那么他的话几乎全部是对着小朋友说的，同时他也很乐意应答小朋友的话。虽然有时候他也跟成年人说说话，或者回应一下成年人对他说的话，但是他主要的交谈兴趣显然是在小伙伴们身上。

在这个外向的年龄，四岁的孩子单独玩的时候不是很多，不过在他自己玩的时候，他还是会说一些话的。而即使孩子是自言自语，他说的话也往往带有与人交往的含义。比

方说，一个男孩进屋来，他会说：“怎么这么吵闹啊！”或者，学着成年人的样子警告说：“再这么吵闹下去还了得！”四岁孩子的确做什么事情都很吵而且很闹。

❖ 不时地和成年人交流

孩子绝对没有冷落在一旁陪伴他玩耍的成年人的意思，他只不过是和其他孩子说话的兴趣更加浓厚而已。你还是会听到四岁的孩子告诉你一些他觉得很有意思的消息：“只要妈妈别给我洗头，怎么都行。”“我住在一栋鬼屋的隔壁。”

他也许会向你吹嘘他的本领：“我会写字！”“我会数数！”“我会甩动我的膝盖！”“我特有力气！”“我跳给你看，很高很高。”他还会吹嘘他的东西，只要别人有的，他的总是更好的：“我家里有比这更大的积木。”“我得到的积木比他们更多。”

他仍然需要寻求成年人的帮助：“你是怎么做的？”“你能把这东西放好别弄丢了吗？”

他也仍然会来找你帮他对付其他孩子，哪怕他和小朋友相处的能力已经提高了很多：“他们不肯把小轿车给我！”“他们不许我进来。”

如果身边没有别的孩子能陪他玩，他也照样能和成年人玩些很有想象力的情景剧。比方说，一个小男孩会带着你一块儿假装修电话，一边用词准确地向你讲解他怎么修电话，一边像模像样地假装动手修理电话。

❖ 以与同龄人交往为主，互动性增强

但是，四岁的孩子现在聊天的主要对象仍然是同龄的小朋友。和他三岁的时候一样，他最感兴趣的话题是他挑头的话题，不过和过去不同的地方是，他现在很乐意应答其他孩子对他说的话。而且，现在他和别人的谈话中流露出他更加安全的自我意识。他似乎已经不再需要时时刻刻捍卫自己手上的东西了。

因此，在孩子们的交谈之中，关于“拥有权”的语句少了很多，相反，他们说得更多的，是请求对方允许他也玩一会儿，是“我们一起来如何如何？”之类的邀请，是玩耍中更友善的建议和协调：“我可以拿这些票吗？”“先从我开始，好吗？”“我们一起来玩这个”“把门关上，好吧，我们不喜欢细菌跑进来”“请把那把烙铁递给我好吗？”（“请”这个词，成了四岁孩子的口头禅。）

孩子们的幻想游戏中常常充满了绘声绘色的词句：“我是一个农场主，你们谁来帮我卸干草啊？”“我出去上班啦，你把宝宝放到床上去吧。”

他们在一起玩耍的过程中，也常常会用到一些真的东西，主要是用来搭建的材料；也常常会出现一些很实际的生活对话：“你要不要拿一块瓦来铺到屋顶上？”“真的吗？”“这个很不错，不过我们需要那一个。”“我替你扶好了，你赶紧下来吧。”几个孩子在一起玩的时候，四岁孩子总是很爽快地接纳小伙伴的任何提议。不管他们在一起玩什么样的幻想情景剧，都能够伴随着他们流畅而持续的对话，一直往下演绎，有时候甚至能有 20 分钟之久。

❖“派别”分明

不少孩子和半年前一样，仍然通过重视他们喜欢的人，来限制他们不喜欢的人，因此，排斥性和拒绝性的态度仍然很强硬：“你不可以进来。”“你出去。”比方说，几个孩子一起玩假想情景剧，一个不受欢迎的孩子如果说：“我还要一些牛奶。”其他孩子就会跟他顶嘴说：“那不是牛奶，那是积木。”

一方面他们排斥自己不喜欢的人，而另一方面他们又很善于用语言去表达对自己喜欢的人的友好："你是我的搭档。""我要跟你坐一起。""我喜欢你。"他们还可能流露出对朋友的妒忌之心："芭芭拉，你不许和他说话！"

❖ 享受语言的乐趣

四岁的孩子喜欢悄悄话，喜欢小秘密，他们沉浸在使用语言的乐趣之中。他们也喜欢韵文儿歌，而且大多数喜欢滑稽有趣的韵文："我妈乐得直冒泡泡！""准备准备，稳稳当当。"

四岁孩子还是个吹牛大王："我的比你的更大！""我能比你跳得更高！"他会跟别人吹嘘他的爸爸妈妈，而且把父母的话当圣旨引用："我妈说的，你不可以拿那个卡车。"（有时候，这种胡吹大气会惹得五六岁的孩子来收拾他。结果很可能是除了打一架之外别无他法。当然，我们可怜的四岁孩子往往是哭鼻子的那一个。）

由于孩子们都非常喜欢搞笑滑稽的话，这种好玩的话居然可以成为孩子之间获取合作的绝招。只要用词滑稽，四岁的小孩往往就能被镇住。其实，到了这个年龄，任何形式的话都很重要。在孩子的一些幻想游戏当中，有些时候四岁孩子甚至会说得比做得还要多。

❖ 用语言明确地表达自己的想法

在急风暴雨般的四岁，一旦事情出了状况，孩子有时候会表现出一些粗鲁的身体抗拒，甚至偶尔会打滚撒泼，这些都是免不了的事情。不过绝大部分情况下，当他不想顺从、不想听话的时候，四岁的孩子会用相当应景而且措辞丰富的语言表达出来。他会用言辞而不是用行动来告诉你，他为什么不肯顺从你。

在我们的“典型行为鉴定”之中（这种鉴定能够提供不同年龄层的不同孩子的公平比较），四岁的孩子所表现出来的行为，正如前文所说过的那样：他们是用语言而不是行为来表达拒绝。图四清晰地表明，四岁孩子拒绝他不感兴趣或者认为太困难的事情的做法，已经很接近五岁孩子的风格了。他相当成熟，不闹腾也不哭泣，他会直截了当地告诉你。

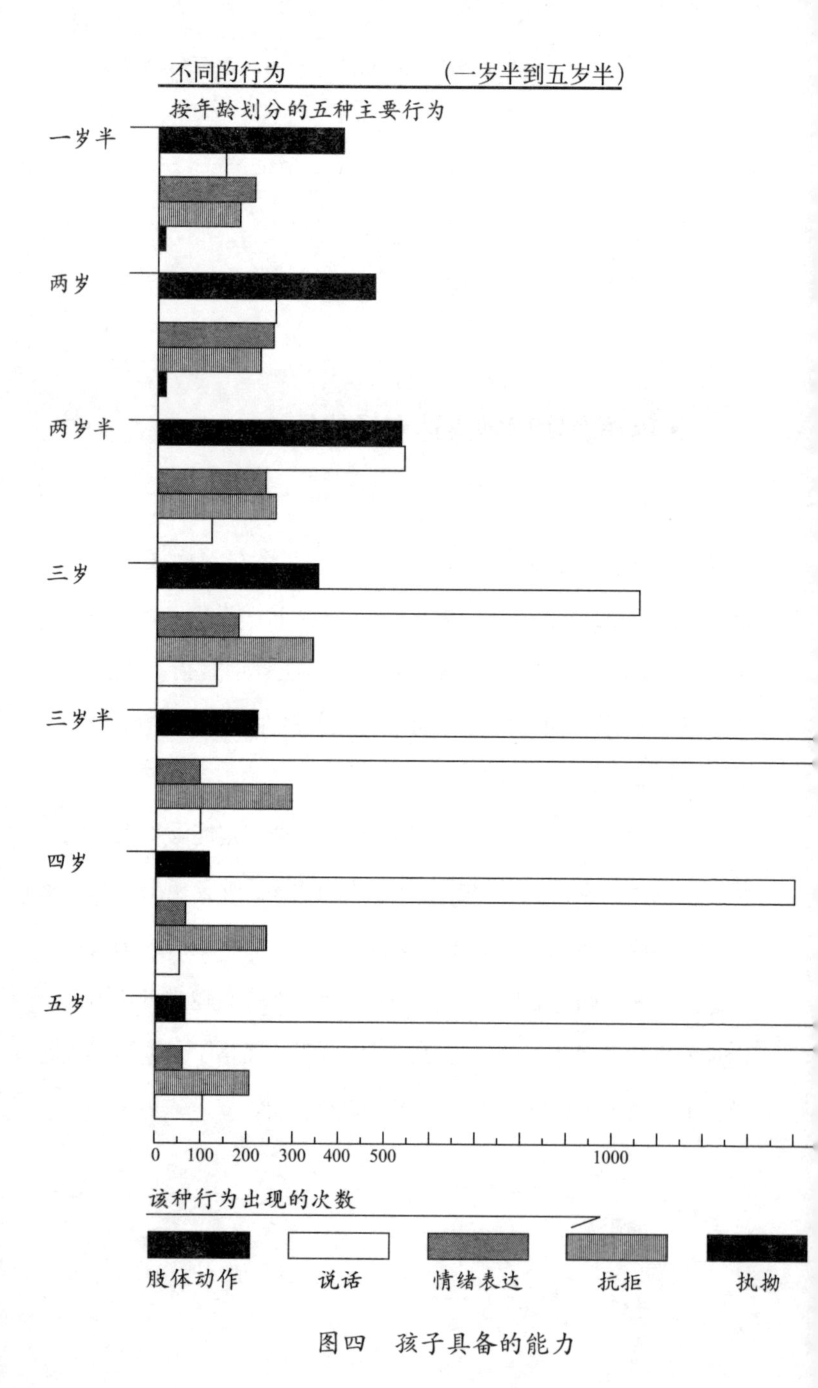
不同的行为
（一岁半到五岁半）
按年龄划分的五种主要行为
一岁半
两岁
两岁半
三岁
三岁半
四岁
五岁
0
100
200
300
400
500
1000
该种行为出现的次数
肢体动作
说话
情绪表达
抗拒
执拗

图四　孩子具备的能力

6. 语言与思维能力双向发展

语言，是四岁孩子的最爱之一。他爱说话、爱韵文、喜欢说悄悄话，也喜欢唱歌，对了，甚至喜欢吼叫。他是他自封的讲解员，也是他自己的听众。他热爱词句，喜欢随时挂在嘴边，也时常拿出来试着用用。他喜欢把词绕来绕去，说“噼里啪啦”“呜哩哇啦”“聪明呱嗒”之类的话。他甚至还喜欢跟他的玩具说话，“你个傻乎乎的红球”“你个小笨笨积木”。

他特别喜欢“大”这个词，而且这个词很快就会被“很大”“超大”代替。我们前面说过，四岁小孩的天性就是夸大：“跟山一样高”“五百万年以前”“有地球那么长”。实际上，他很多时候遭到父母谴责的“撒谎”，有时候只不过是他想要添油加醋地夸大一下而已。

❖ 语言的学习突飞猛进

到了四岁的时候，大部分孩子已经能相当准确地发出母语中绝大多数的音素了。有人评估说，大多数母语为英语的美国孩子，在这个年龄已经会发美式英语中 90% 的元音了。

词汇量的增加在这时候突飞猛进。有人估计一个普通四岁孩子的词汇量，有可能高达 1500 个单词。绝大多数的四岁小孩能够自如而且恰当地表达他们的意愿。他们现在对故事的兴趣比以前更加浓厚，你给他读书的时候他往往要自己看着书，甚至问一些书上的字。孩子甚至会在看电视时，出其不意地认出一些字和数字来。当然，如果他还不认得这些，你完全不必因此担心。

四岁的孩子不需要认识他名字里的字，也不需要认识数字。尽管如此，在四岁孩子向着五岁成长的进程当中，许多孩子会自然而然地对写字产生兴趣。不少的四岁小孩这时已经可以写得出他们自己的名字了。

句型结构、语法的运用以及正确的时间副词的表达，四岁期间都在进步之中。约瑟夫 · 布拉加、劳里 · 布拉加夫妇指出："儿童并非通过模仿成年人来学习说话。他们通过听大人怎么说话，来学习他们说话中的规律，然后根据这些规律，创造出他们自己的句子。孩子似乎天生就有学习语言的内在装备，使得他们能够学习并运用听到的语言中的规律。他们甚至会系统性地出现造句错误。"

举个例子来说，当孩子们学到了名词的单数变复数的规律之后，他们会把这个规律用到"老鼠"和"脚"这样的词上去（译者注：英文名词的单数变复数的规律，往往是名词后面加"s"。但是，"老鼠"和"脚"属于特殊变化，单数变复数的方式是直接改变单词拼写），这就叫作"过度概括"。实际上，这正是孩子成长的标志之一，标志着他们在学习说话的规律。因此，孩子学说话不是通过课堂，而是通过听别人怎么说话。到了最后，他们自然而然地就会说出"老鼠"和"脚"的正确复数形式。

所有这些"谬误"，都会在孩子该开窍的时候自然开窍。当然，有些孩子，尤其是男孩子，开窍的时间要慢一些。不过，这种从"谬误"到开窍的过程是孩子的成长阶段之一，我们只需好好珍惜，不必为此担心，除非孩子长到五六岁都还没有达到自然开窍的程度，那则不同。而在此之前，**请你不要去纠正孩子在语言使用上的错误，这十分重要。**否则，孩子会因为害怕说错而感到焦虑，甚至会出现结巴或者干脆不肯说话的问题。如果孩子说话出了错，你可以用正确的说法重述一遍他的话，但是，你不要特意强调孩子的错处。

在四岁到五岁之间，大多数孩子都学会了很多不太容易发音的辅音。孩子现在说的话，在很大程度上你都能听得明白，甚至是家庭成员以外的人也能听得明白。

❖“十万个为什么”

四岁也是一个爱问问题的年龄。他们有着无穷无尽的“为什么”“怎么样”，一部分是为了渴望知道新的东西；一部分是为了好玩，瞎聊下去；还有一部分则是表达抗拒不从的意思，比方说用“为什么”来表达“为什么我必须要做”的反抗。不过“为什么”最主要还是用来求知的:“为什么会刮风？”“为什么太阳会发亮？”“为什么天会下雨？”等等。

因为四岁孩子的好奇心无休无止，对讯息的寻获也是如饥似渴，所以，只要你觉得孩子真的是在好奇心、兴趣心的驱动下问你“为什么”，那么请你尽量满足他们。当然，如果你觉得他们的“为什么”是跟你磨着玩或者抗拒你，你也不必客气，直接打断就是了。

❖ 强烈的表达欲

四岁的孩子不仅仅喜欢问你问题，也很喜欢把他知道的消息告诉给你。他有很多话想要告诉你，或是讲给其他小朋友。他喜欢跟外人讲他家里的事情，尤其是讲他妈妈的事情："我妈妈有了一台崭新的洗衣机。"他还愿意向你提供常识："狗可以跑得很快""铅笔是个简单的东西"。

有时候，他会说些让你十分感动的话。有一个小男孩就这么跟他的老师说："你知道吗？我常常想到你。你什么时候到我们家里来吧，我们可以一起玩球。"

现在他的语言已经颇为丰满。和别人的对话，不但实实在在丰富了他的生活，而且更增进了他和别人之间的交情。

❖ 思维能力通过语言表现出来

到了四岁的时候，大多数孩子已经会根据词的用途来定义这个词了。因此，他们会告诉你，苹果是拿来吃的，衣服是用来穿的。不仅仅是名字，许多孩子也能知道不少介词了，例如"在……之外""在……之内""在……旁边""在……附近""在……之上"等。他们还可以复述你刚说过的短句子，能从一说到十，还能数得清三枚一分硬币的总额。他们还能执行一连串的有些复杂的指令，比方说，绝大多数的四岁小孩都能通得过类似这样的“执行指令测试”：“把房门关上，书放到椅子上，然后把钥匙递给我。”

还有，四岁的孩子已经对局部和整体的关系有了相当充足的认识，因此当整个物体的某个局部不见了的时候，他能说得出来，例如一件大衣的一只袖子不见了，或者是一张桌子少了一条腿。他还能告诉你什么东西是用什么做出来的，比方说椅子是用木头做的，窗户是用玻璃做的。在四五岁之间，平均来说，孩子都应该能够说得出四种基本颜色的名称来，当然，实际上有些孩子在更小的时候就已经能说得出来了。指认颜色是个体差异相当大的一件事情。

绝大多数的四岁孩子已经能够正确地回答类似这样的问题：“什么会哭？”“什么会游泳？”“什么会睡觉？”“什么会咬人？”他们也能够准确地回答一两个下面这样的“长”问题：“东西丢了的时候，你应该怎么办？”“过马路之前你必须要先做什么？”等等。

孩子对语言的掌握这时已经有了很大的进步。

迅速、简单加新奇——

四岁孩子的生日派对

四岁的孩子是一个对任何新的、不同的、让人感到兴奋的事情都抱有无穷无尽的精力、热情与欲望的小精灵。而生日派对正符合了他们的心意。只要事情能让他感到足够的兴奋，能够按照他的心意走，他可以跟你配合得相当漂亮。成年人这时对他的关注能让他感到十分受用，他会让自己非常投入而积极地配合各项计划。一份简单的小礼物或者新奇的装饰就能满足他“飞翔”的心灵。

四岁，终于到了举行生日派对的理想年龄。这个年龄的成熟度使得他们既可以请朋友来开派对，也可以去参加朋友的派对了。

两岁的孩子通常不太明白生日派对是怎么一回事。是蛋糕吗？是冰激凌吗？是客人吗？

三岁的孩子多多少少对早上在托儿所里举行的派对或者下午和一个小朋友的一对一的玩耍有了那么点儿感觉。他已经隐隐约约地明白生日派对是一件特别的、令人兴奋的事情，不过，也仅仅是隐隐约约而已。

四岁，是一个开派对的理想年龄，因为四岁孩子是一个对任何新的、不同的、让人感到兴奋的事情，都抱有无穷无尽的精力、热情与欲望的小精灵。他非常喜欢这种场合！

尽管四岁孩子的热情洋溢有时候会令他过度张狂，可是，只要事情能让他感到足够的兴奋，能够按照他的心意走，他还是可以跟你配合得相当漂亮。成年人这时对他的关注能让他感到十分受用，他会让自己非常投入而积极地配合各项计划，这毕竟是属于他的娱乐活动。

Chapter 5

迅速、简单加新奇——四岁孩子的生日派对

要想让一个开派对或者来参加派对的四岁小孩开心，只要你有足够的时间、精力、意愿和想象力，这其实不难做到。他往往能不带任何挑剔地接纳你所建议的游戏、提供的食物，以及为他准备的意外的小礼物。（五岁的孩子会说："哟，我已经有了一个这样的。"十三岁的孩子会说："哟！又是这个东西！"但是，四岁孩子却不会这样子。）四岁孩子的要求就是能有点新奇的、特别的东西，而这种要求很容易通过一点简单的小礼物或者新奇的装饰就能得到满足。

在派对上管教孩子应该不是一件很必要的事情，至少，对一个懂得四岁孩子的妈妈来说是如此。她应该明白孩子的生日派对不是用来传授如何共同分享、体谅别人、举止得体的课堂。一旦孩子们起了争执，你应该很快地不着痕迹地处理好，比方说带走争吵中的一个孩子，或者拿出一个不同的、容易被小孩接受的玩具，递给正在抢夺的孩子。

1. 前期准备

确保四岁孩子生日派对成功的关键，在于迅速、简单和新奇。迅速之所以非常关键，是因为四岁孩子的动作总是很快速，而且如果派对过于拖沓和冗长的话，他会很容易感到厌倦。简单则是因为这个年龄的孩子往往尚未成熟到能够理解和参与复杂游戏的时候。新奇也很重要，因为四岁孩子已经和三岁孩子不一样了，他已经有了“开派对”的概念，会对派对有所期待，而不再仅仅是去玩一下而已。这种新奇也应该简简单单，比方说给孩子们每人一个“小礼物”作为惊喜。

❖ 小客人的数量

六个人应该是最好的，绝对不要超过八个人（男孩女孩都一样）。你最好在六个人的基础上再多邀请一两个人，或者至少有一两个备选，万一到时候该来的客人到不齐，你能请他们来凑数。受到邀请的客人不见得都能来得了，比方说孩子因为太激动而临时病了，或者妈妈一时找不到看孩子的保姆而没办法带孩子来，或者因为其他的种种为难而来不了。

❖ 成年人的帮忙

除了小寿星的妈妈之外，至少还需要有一个成年人在场做帮手。另外，和三岁时的生日派对一样，假如某一两个孩子格外害羞，或者特别好争斗，或者其他什么原因，那么这些小客人的妈妈们就需要留下来。

2. 时间安排

一个半小时应该足够了，最好是从 15:30 到 17:00。这个时间能允许那些仍然需要午休的孩子提前睡一小觉；另外，派对小茶点的时间也不至于离晚饭时间太近。

❖ 15:30 ～ 16:10：小客人各自单独玩玩具

小客人陆续到达，玩玩具。除了主人家提供的玩具之外，小客人的家长应该带一些玩具来（或者提前就送过来），让每个孩子在最开始的时间段里都有玩的东西。这时候，主人家的客厅就像是幼儿园的游戏厅一样，里面应该有各种各样的玩具：个头比较大的小汽车、火车、摇摇马、洋娃娃、小摇车、绒布动物、各种积木类玩具以及体积不太小的音乐类玩具等。孩子们这时多半各自单独玩各自的玩具。如果小客人带来了礼物，那么小寿星应该即时拆开礼物。（译者注：中国人不好意思当着送礼人的面拆开礼物，觉得这么做很失礼；但是美国人的礼仪却是要当面拆开礼物，并表示对礼物的喜爱和感谢。如果你把收到的礼物放到一边，不当着对方的面拆开，这反而是非常失礼的行为。）

❖ 16:10 ～ 16:15：派送礼物

带孩子们去另一间屋子吃茶点的时候，给每人派一份小礼物。消防员的帽子或者徽章（译者注：纸质的仿制品）都会很受欢迎。这些东西可以放在一张桌子上，在孩子走过的时候拿给他。

❖ 16:15 ～ 16:40：用餐

预先在另一间屋子里准备好给孩子们的小茶点，茶点可以放在轻便小桌或者低矮的儿童桌上（桌子可以是借来的）。用纸质的桌布、餐巾、餐碟和颜色鲜亮的杯子。再派给孩子们一些小礼物，比方说装着糖果的小小玩具锅。把气球（全充好了气）拴成一束挂在墙上，等派对结束的时候，将这些气球分派给每一个孩子。

茶点可以是简单的小块三明治，越小块越好，但是形状要有趣好玩。宁愿让孩子多吃几块小小的三明治，也好过给他一块大的却只能吃掉一半。你也可以不提供三明治，直接给孩子们冰激凌、蛋糕和牛奶。带奶油糖霜的用单个小纸杯包装的小蛋糕吃起来也许会更方便些，不过你还是应该有一个能插上四根小蜡烛的生日蛋糕，到时候好让孩子们吹蜡烛。

❖ 16:40 ～ 17:00：自由玩耍时间

孩子们回到客厅玩玩具、玩气球。（这时气球应该已经派给每个孩子了。如果孩子玩气球玩得比较疯，那么客厅里的玩具需要推到屋角里去，给孩子腾出足够的空间来。）

如果小客人的年龄都差不多在四岁半，那么这时还可以带孩子们玩些比较松散的集体游戏，比方说唱歌游戏、乐器游戏、小小游行，或者着装游戏。还有，如果你有特别的“惊喜小礼物”，这时候是最好的时刻。你可以把这些东西包成单独的小包装，放到一个大的布口袋里，让孩子们排好队，一个一个地过来拿。他们会当场拆开来玩。小动物玩偶、小人偶、小软球、玩具小腕表、玩具大镯子、消防车等，都是很受欢迎的小惊喜。

❖17:00：散场

已经在场陪着孩子的妈妈带孩子离开。不在场的妈妈由主人替孩子给妈妈打电话。不过，等到派对快结束时，四岁的小客人大多数都应该已经太累了也太兴奋了，如果这时候还需要等待妈妈的话，他们只怕该瘫倒了或者哭闹起来。所以，妈妈们应该做好安排，早早过来等着接孩子回家。

3. 温馨小提示

要记住，你只可以安排很有限的集体游戏。对于绝大多数的四岁小客人来说，各自为阵的随意的游戏，比集体游戏更为妥当。事实上，集体游戏不但不是必要的，而且还有可能带来麻烦，哪怕是最简单的集体活动。如果一定要玩集体游戏的话，那么一起唱个歌会比“老鹰捉小鸡”这类复杂的游戏要好得多。

每个孩子都可能会认为这是在替“他”过生日，或者希望这是他的生日，或者假想这是他的生日。因此，所有的孩子都想要吹蜡烛。如果抢先吹熄蜡烛的人不是小寿星，你只需要把蜡烛再点燃一次就好啦。

派对上总会有些眼泪鼻涕，有些不同意见或者争执。因此你一定要确保派对的时间不要拖得太长。四岁的孩子容易玩厌，也容易兴奋过头。

至于小礼物什么的，如果你准备小生日帽，自己糊的结实的帽子往往比店里买来的要好，后者往往很容易开口或撕破。另外，卷筒吹哨有可能在孩子互相对着吹来吹去的时候，伤到孩子的脸。还有，不要把你所有的小礼物、小惊喜、小生日帽什么的统统放到茶点桌上，那会让孩子感到迷乱。你应该把这些小东西在派对的过程中分几次发给孩子们，而不要一次全都给孩子。

父母的接纳是孩子生活快乐的保奇——四岁孩子的日常作息

这个年龄阶段的孩子健康状况良好，大部分已掌握了基本生活能力，吃、穿、睡以及大小便仅需要成人的稍稍辅助便可完成得比较漂亮。他们也变得喜欢自己给自己洗澡、穿衣服。另一方面，父母也要尊重孩子的个体差异，例如不要强行逼迫胃口很小的孩子吃饭，对于孩子尿床、不肯蹲马桶等行为更要以放松的心态来面对。

1. 饮食：有独立饮食的能力，食欲和速度逐渐提升

❖ 四岁到四岁半：基本可以独立饮食，但往往有偏食现象

到了四岁的时候，绝大多数的孩子完全可以自己吃饭，多数情况下不再需要喂食了。孩子吃饭的动作已经非常娴熟，不再像以前那样需要父母花太多心思。因此，现在他们大多是一边说话一边吃饭，而且，有时候，显然由于说话过多而妨碍了吃饭。

如果孩子说起话来滔滔不绝，干扰到大人用餐的乐趣，这也许会使有些家庭认为还是像以前那样，小孩大人分开

来吃反而更好。因为如果让他和大家一起吃饭的话，孩子会因为只顾说话而顾不上吃饭，常常一顿饭吃到了该睡觉的时候都还没有吃完，最后你只好收拾碗碟，直接让孩子去洗澡睡觉。

如果父母对孩子在餐桌上吃些什么能比较放松，而且也没有因为过去的养育不当而造成孩子的某种吃饭问题的话，那么，你不需要太过紧张他吃进去了**多少**。但是，仍然有太多的父母过于担心孩子每顿饭能吃**多少**，过于坚持孩子一定要吃够多少量。

你需要记住很重要的一点是，四岁孩子的食欲只能算是平平，得要等他快要步入五岁时，胃口才可能增加。孩子对某些食物的抗拒或者偏爱，虽然和三岁多的时候相比已经有了不少改善，但四岁的孩子仍然往往是喜欢吃的就狠狠吃（而且是同一食物吃了一顿又一顿），不喜欢吃的坚决不吃（只要里面有他不喜欢的东西，或者是他不喜欢的类型）。

❖ 四岁半到五岁：食欲和饮食速度都有所提高

到了四岁半左右，绝大多数的孩子都能自己从罐子里倒牛奶喝，而且不会弄洒。他们大多喝得又快又好。

孩子在单独吃饭时往往会拖沓很久。但是，你不要去喂孩子吃，只需要稍微鼓励他吃得快一点就可以了。有些时候，千方百计劝他吃饭会有效果，比如说吃了才能长大、和小朋友比赛、在规定时间内吃完，或者用甜点当诱饵等。但是，总的来说，这种小花招越少，也就是说你越不强调这件事，反而越好。如果让孩子觉得他吃不吃饭对妈妈来说是一桩了不得的大事，那么他很可能以此为手段来对付妈妈。我们最好的策略，恰恰是成年人对吃饭持非常宽松的态度。

四岁半的孩子，不但能自己吃得很好，而且还能帮着你布置餐桌。他们吃饭的食欲和速度这时候都有所进步。孩子往往是在全家共进晚餐的情况下吃得多一点，而且说话与吃饭基本上能做到两不耽误。

❖ 警惕食物对孩子行为的影响

关于食物，我们想在这里给你一个提醒。尽管这本书不打算详细讨论饮食健康，而且我们也肯定不希望父母看了提醒以后对孩子的饮食杯弓蛇影，但是，我们还是要在这里告诉你：有些你孩子特别爱吃的食物，可能是对他不利的食物，你要小心。

某些食物，孩子吃了以后会肚子疼，会忽然出红疹子，你比较容易能看出来，自然知道这种食物以后需要避免。此外，医生们也关注到食物对孩子行为的影响，他们最近指出，某些食物对某些孩子会有害处，这种害处有时候并非是身体上可见的伤害，而是对孩子的**行为**造成了不良的影响。

吃的东西也好，喝的东西也好，甚至是我们吸入的空气，都有可能对孩子造成某种隐性过敏症，换句话说，造成某种十分反常的行为。有些孩子会表现出头晕、倦怠、疲累、易怒、狂躁、动作过激等症状，罪魁祸首可能正是他吃下去的最喜爱的食物。

医学报告中有许多让人震惊的例子。例如，有一个五岁的男孩，过去的两年中，他每天白天都尿湿好几次，晚上也要起好几次夜。这种尿频的苦恼，以及他的其他一些过激症状，在禁吃西红柿以后消失殆尽。在这个案例里，罪魁祸首恰恰就是这个小男孩最最喜欢吃的东西。两年以来，这个孩子每天中午都要喝西红柿汤，而且往往一口气就能吃掉五六个西红柿。他重新开始吃西红柿之后（验证性实验），他的病症立即再现；再次禁食西红柿后，他的病症就又消失殆尽了。

还有一种情况，虽然似乎没有实质性的过敏反应，但是，有害的食品，特别是含有人造色素和香精的食物，已经被证实了会造成晕眩、倦怠、疲累、易怒、狂躁、动作过激等症状；而且，上了学的孩子当中，也出现了因为这些食物造成学习能力低下的问题。

如果你的孩子看上去健康而快乐，而且他的行为举止你也都觉得还算满意，那就是说，孩子在大方向上没什么问题，那么，你不需要担心我们上面说的有害食物及其影响。但是，如果孩子的举止行为令你相当的失望、不满，而你却还找不出原因在哪里，那么，你至少要考虑一下，问题的根源有没有可能在孩子的饮食里。

2. 睡眠：自己睡大床，很少需要午休

大部分四岁孩子上床睡觉，相对过去现在已经容易了很多。实际上有些孩子已经能知道自己累了，还会主动要求去上床睡觉。和以前一样，孩子还是喜欢睡觉前享受你的特别关注，比如妈妈给他讲个故事、唱唱歌什么的。他也许还喜欢在床上看半个小时的书，或者画蜡笔画，而且往往喜欢把娃娃或者绒布动物拿上床去，和他一起睡觉。

❖ 睡大床好处多

对许多四岁的孩子来说，最开心的一件事就是他已经长大了，应该有资格睡大床了。在此之前，比方说，当孩子还只有两岁半的时候，尤其是当家里添了小宝宝的时候，做父母的常常因为过早地把孩子从儿童床里挪到大床上去，而惹出不少上床睡觉的麻烦来。其实，这时候最好的做法就是多买一个儿童床，让孩子一人用一个。

但是到了四岁就不一样了。父母反倒是常常因为孩子用了大床，而借此逐渐消除了孩子的不少幼稚行为。在儿童床里使劲摇晃或者撞脑袋的动作，可能一夜之间就无影无踪，尿床也可能忽然就好了。而且，那可爱的、舒适的、格外宽大的床，还可能让上床睡觉多出许多快乐来，甚至父母也可以躺在床上给他讲故事、念祷文。

❖ 睡眠时间安排

上床睡觉的时间一般来说应该在晚上 7:00 到 7:30 左右，

当然夏天时可能会更晚一点。如果孩子已经懂得看表，那么让他看到是时钟在提醒他到上床睡觉的时间了，会比由妈妈来提醒他效果更好。

也有极少数的孩子会比别人啰唆一些，不但需要上床时间（说故事等），还需要熄灯时间（要亮着灯）。如果你不肯多给他几分钟亮着灯的时间，好让他早些安静下来，他也许能跟你纠缠老半天。

❖ 睡眠质量

绝大多数的孩子夜间睡眠质量都很好，如果需要的话，夜里只需要醒来一次上厕所。有些孩子已经完全可以自己起夜了，但有些孩子还主要靠父母帮忙。还有些孩子你半夜怎么叫他都不肯醒来，那你就别打扰孩子了，让他睡。这个年龄的孩子很少有噩梦，不过到了四岁半左右的时候，有些孩子会有梦魇。

大多数的四岁孩子可以睡 11 个小时甚至更久，大约在早上 7 点的时候自然醒来。如果你替孩子把睡衣和拖鞋放在他床边，那么早晨醒来的时候孩子大多可以自己穿上它们，会自己打开门，去洗手间，然后回到自己的屋子里，一直玩到可以去爸爸妈妈房间的时候。（很小的幼儿一醒来就要找爸爸妈妈；到了三岁左右，孩子有可能一直待在自己床上，直到你告诉他可以起床了；四岁的孩子则有可能在床上待到时钟指向某个时辰的时候才起床。）

❖ 关于午休

这个年龄的孩子很少有人还需要午休，大多数孩子只需要一点安静的、自己玩的时间，或者甚至连这都不需要。有午休时间的话，男孩比女孩更容易入睡些。哪怕他们睡不着，给孩子一点安静的时间让他自己玩，这对父母和孩子来说都是一个很好的休息。

不少四岁的孩子喜欢有个日常作息时间表，他们似乎愿意知道下一步要做什么，愿意有个时间表可以遵循。因此，有规律的日常作息是很有好处的。

3. 排泄：自理能力增强，在乎自己的隐私

四岁大的孩子，大小便一般都不成问题了。绝大多数的孩子能一整天不弄脏自己，而且大小便的“程序”都能完全自理。“意外”也会有，不过多半是因为孩子不肯打断自己的玩耍，一直推呀推，到了最后根本等不及了。如果孩子一而再、再而三地出这种“意外”，那么妈妈最好能帮帮孩子。你可以按照比较合理的时间间距，监督孩子去上厕所；如果孩子不肯听你的，那么你可以先跟孩子说好，在你觉得他应该上厕所的时候吹哨子，让他听哨子的。

很多这个年龄的孩子在大小便的时候会特别在乎自己的隐私，可是他们却又对别人的大小便特别好奇。他们也很好

奇别人家的洗手间，如果去别人家玩的话，他很可能非要去看人家的洗手间不可。

❖小便方面

在外面玩时，尤其是没有成人看管的时候，男孩子可能会喜欢当着其他孩子的面撒尿，而且还可能就这个话题说些逗乐滑稽的傻话。

如果你半夜给孩子把一次尿的话，大部分的四岁孩子应该能整夜干爽了。不过，如果你的四岁孩子仍然在夜里尿湿自己，这也是十分正常的事情，家长完全不必担心。而且，即使你半夜给孩子把尿也不能保证孩子整夜干爽的话，那就干脆不要在半夜折腾孩子了，随他去。只要把孩子垫得好一点，包得紧一点，你就能免除好多的清洗工作。千万不要就这件事情多说孩子什么。

实际上，有许多发育很正常的孩子需要等到六岁甚至更晚，才能不那么容易在半夜尿床了。现在已经有了很有效而且也不太贵的治疗仪，能够帮助孩子几个星期之后就不再尿床，你也可以试试看。

❖ 大便方面

孩子的大便，这时候一般都已经相当规律，而且对很多孩子来说，解大便已经不是个问题。四岁孩子的大便通常一天一次，在早饭或者午饭之后。当然，也有些孩子的大便次数更多些或更少些，或者不那么规律。

跟小便一样，许多孩子觉得大便是格外隐秘的事情，多半要求把门关上，甚至是锁上。

很不幸的是，还是会有很少数的男孩子，在这一点上，发育很跟不上趟。那些特别麻烦的孩子，尤其是男孩子，你以为已经给了他很好的训练，可是他却偏偏到了四岁都还在大便自理上毫无长进。他们不肯用小马桶或大马桶，偏要继续屙在裤子里。

这种抗拒性的、延续性的生理低龄行为，往往和一些母子间的“战斗”有关系。如果一个孩子一定需要有个什么办法来控制他妈妈的话，这就是办法之一。偏偏就是有很多这种孩子的妈妈，不论孩子在做什么都要坚决打断，以为这样做她们就能把孩子训练得不弄脏自己。

有的妈妈发现，能够解决这个苦恼的办法，就是让孩子自己洗自己的臭内裤。可是，有时候这种效果仅仅只能维持很短的时间而已。

也许，更温和的做法，应该是我们长久以来一直推荐的办法：先去找儿科医生，确认了这种毛病不是孩子生理上的问题之后，每天到了你觉得孩子可能需要大便的时间，让孩子去到洗手间里，脱了裤子玩。（如果孩子一天之中需要大便的时间根本无规律可循，那么你只好承认，在这件事情上你前面还有很长一段路要走。）

还有，在屋子的一角放上报纸，告诉孩子，如果他愿意的话可以把大便解到报纸上。通常来说，几天之后，最多几星期之后，他就能够做得到这一步。一旦他成功做到了这一步，那么让他换用小马桶（最好是马鞍式的，或者小椅子式的），就会变得容易许多。之后再从小马桶换用成人马桶，通常应该也就没什么困难了。

4. 洗澡：父母稍做提醒，孩子自主完成

洗澡现在是一件轻松的事情，孩子通常都有能力把自己洗得挺干净，妈妈只需要在旁边一个部位一个部位地提醒孩子，他应该洗这里、那里就可以了。如果你不提醒他，他往往只知道对着身体上的某一个地方反复地洗啊洗。

这时候，孩子大多可以自己把洗澡盆里的水放掉，而且可以自己清洗澡盆（洗得勉强干净啦），自己把身子擦干净（马马虎虎的啦）。他们大多还可以相当准确地借助必要的手腕与手的动作刷牙、梳头、洗脸，以及把脸擦干净。不少孩子在洗脸的时候已经不会再把上衣弄得湿透了。

如果你们的家庭时间能够容许的话，你现在可以把孩子洗澡的时间调整到晚饭之前，因为这个时候孩子不算太疲倦，会比较有精神给自己好好洗个澡。还有就是，他非常非常喜欢在澡盆里玩他的洗澡玩具！

5. 穿衣：父母稍做准备，孩子独立完成

这个年龄的孩子，穿衣服和脱衣服都不太需要你帮忙了，尽管你还是要帮他先把衣服铺开来摆好，尤其是衣服的前后方向要摆正确，因为可能有些孩子还是分不清楚前胸与后背。如果某件衣服总是给孩子惹麻烦、害他生气，那么你需要预先做些准备功夫，让孩子在对付这件特别的衣服时能够多些成功率。（若还不行的话，你则应该问问自己，为什么这件衣服这么难弄？是不是真的超越了孩子的能力？是不是真的有必要穿这一件？）

难度比较大的应该是扣衣服扣子，尽管大多数的四岁小孩都已经能轻易解开扣子了。幸亏我们已经有了新式拉锁，扣扣子已经不再像过去那样无可避免了。

许许多多的孩子在三岁半时，会在你给他穿衣服的时候制造麻烦，要么拒绝，要么反抗。四岁孩子则不同，他们普遍喜欢自己穿衣服，而且还为自己有能力穿衣服感到颇为自豪，甚至还喜欢掐着时间穿衣服或者跟你比赛看谁穿得快。

大部分的四岁孩子能分得清衣服的前面与后面，能扣上一些扣子，也能把鞋子正确地穿在脚上，甚至还能系好鞋带。（有些孩子却一直反穿着鞋，真不明白他们怎么就不觉得脚不舒服呢。）有些孩子可以把鞋带拴上一个死结，但是还不会弄活结。不少的四岁孩子，男孩女孩都一样，在玩游戏的时候，喜欢用成年人的衣服打扮自己：帽子、鞋、皮带、围巾、衬衫、皮夹子……

6. 用夸张的行为宣泄紧张的情绪

四岁的孩子和三岁半时比起来，会放松得多。脸部的怪异表情、结巴和眨眼睛等情况都少了很多，甚至连吸吮大拇指的动作也一定程度地减少了。当然，有些孩子还是会吃手指头，尤其是在困了的时候。一部分孩子已经可以不用那些给他安全感的毯子了，不过可能还是离不开他最喜欢的绒布玩具。有些四岁孩子虽然不再吸吮拇指，可是，他们改为咬手指甲和抓捏下身，这些动作不仅在私底下做，甚至有可能是在公开场合下，比方说在幼儿园里听故事的时候。

如果一个四岁的小孩感到紧张了，他多半会通过大的动作宣泄出来，比方说奔跑、踢打、喊叫等。不过四岁孩子的紧张感可能比较容易在生殖器区域感受得到，而不是像过去那样在脸部区域。男孩子在焦虑或者兴奋的时候，会抓捏小鸡鸡。

男孩和女孩在社交场合，或是在其他兴奋、紧张的时候，都会想要赶紧上厕所。孩子的这种需要不但是真真切切的，而且也应该得到尊重。有些孩子的确会因为处在比较有压力的环境中，没能来得及去上厕所而意外地弄脏了自己。极少数的孩子会觉得紧张感令他胃疼，偶尔也会因为太过兴奋而真的得了胃病。

话说回来，一旦四岁孩子感到紧张而且兴奋起来的时候，他可能会直接通过最常见的过激举动来宣泄出他的感受，比如通过奔跑、喊叫、语速过快、动作张狂等之类的行为表达出来，而不再像以前那样更多地通过特殊的细小的方式（如吸吮拇指、抚弄毯子、乱动眼睛等）来表达。

7. 健康方面

健康方面，绝大多数孩子的状况相当不错；不过也有少数孩子简直就是一个病接着一个病，整整一个冬天都不得消停。在这个年龄段里，如果孩子摔倒了（他常常会摔倒），由于往往是向前摔倒，脸部着地，因此有可能会磕掉一颗门牙。（等他再长大点儿，摔倒则有可能伤到他的锁骨或胳膊。）

7

Chapter

由幼稚向成熟过渡——四岁孩子的心智能力

四岁孩子的认知能力已有了较快的发展，对时间、空间和数量的感知能力都比三岁孩子提高了很多；幽默感、讲故事的能力和创造力均有其突出的特点。但是家长们在这些事情上不能拔苗助长，而是应该遵循孩子的行为年龄特点，给他们提供一个既能够激发潜质又轻松愉快的环境，让孩子在放松的状态下健康发展。

1．“行动本身体现心智”——给孩子提供一个正常的环境

我们常常听到不少有关学龄前儿童的认知成长与认知训练的谈论，可是，请你千万不要把这些太当回事。你根本不用去操这些心，你会发现，一个正常而健康的四岁孩子，本来就是一个充满无限好奇心的、想象丰富而且富有创意的小精灵。你只需要去回答他的无数个“为什么”，去鼓励他的想象与创造就足够了。有些人认为，孩子心智的成长要全靠教出来，但是，这种观念，你切记不要太当真。

❖ 在阅读中自然习字

尤其是**你千万不要觉得你必须教你的四岁孩子认字**。只要你多给他读书，或者他自己也喜欢“看”书就好。假如你的四岁孩子凑巧发育得比较快，已经开始找你问某个字是什么意思，或者自己想要拼写出简单的字，那么请你一定要在孩子需要帮助和鼓励的时候帮助他，鼓励他。

但是，**千万不要**去逼迫他。从长远的角度来看，孩子从三岁、四岁、五岁、六岁甚至七岁开始认字，将来都没有任何的不同！如果你的孩子小小年纪就自发地表现出他对字和数字的兴趣，这挺好的，可这也没有什么值得特别夸耀的。如果孩子自己或者经由某些电视节目的刺激，很早就能背诵出几句儿歌或者说出一些数字，那就顺其自然，随他自己享受背诵的快乐好了。但是，你切记不要把这个当成是孩子可以早早上学的信号。（译者注：指的是孩子 5 岁开始上小学学前班。在美国，“开始上学”的概念，不是从小学一年级开始，而是从学前班开始。“学前班”所学的并非是幼儿园的课程，而是小学的课程。）

❖ 为孩子提供一个正常的成长环境

你最好不要操心该如何去促进所谓的儿童认知成长。近些年来，几乎所有的心理学家和教育学家都声称他们发现了促进儿童心智成长的途径，他们的说法让人们觉得孩子的心智成长是全靠我们教出来的，因此我们必须提供各种技术和材料用以促进孩子的心智成长。但是，事实并非如此！

因此，你千万不要觉得，作为家长，你“应该”为孩子做些什么特别的努力来提高他的智力。阿诺·格塞尔博士（译者注：成就了这套书的格塞尔人类发展研究所的创始人之一）很早以前就已经指出：“人的心智可以通过他身体各部位的几乎所有的行动本身呈现出来。”孩子的心智不可能和他的身体部分割裂开来，相反恰是通过他几乎所有的行动而呈现出来的，恐怕唯一的例外只是像吞咽东西或呼吸这类纯粹的反射动作。在他跑动、跳跃、攀爬的时候，在他喊叫、大笑、歌唱的时候，在他和真的朋友甚至假想中的小伙伴一起玩耍的时候，在他绘画、扔球的动作中，他的心智就会自然地流露出来。

实际上，孩子所做的任何事情，都是他的心智在行动中的反映。他根本不需要在进入小学学前班以前，通过他能够认识的字和数字，来让你或者别人看清楚他的心智有没有任何问题。如果你的孩子有很好的潜力（事事往往如此），而且如果你给孩子的成长提供了相当丰富而活跃的环境、给了孩子充足的爱和关注，那么，孩子的心智自然而然地就会成长。

不论孩子是在什么年龄，你都不需要额外操心该如何教导孩子的心智。只要你提供了一个正常的环境，让孩子有一些友善的、有趣的、能和他分享的人陪他一起玩，给孩子数量合理的书、玩具以及各种创造材料，让孩子有适合的游戏、远足以及令人愉快的短途旅行……也就是一般性的舒适的家庭生活，那么，孩子自然而然就会成长，正如他自然而然就会呼吸、就会长大一样！**让我们都放松下来！**

❖ 选择学校——以孩子的行为年龄为依据

我们这里还要给你一个特别的、重要的提醒。你的四岁孩子，按照他自然的发育进程，很快就会长到五岁，这时你就要为他考虑上学的事情了。孩子很快就会迈出他们人生中很重要的一步——踏入小学学前班。

往往就是在这个时候，许多家长都犯了一个致命的错误，导致了刚上学时成绩优秀的孩子，在未来的数年之中，一定程度上会成为麻烦学生，或者至少在学业成绩方面很不理想。这个错误就是：父母让孩子太早上学。

不论你所在的地区允许孩子几岁开始上学，我们都提倡以孩子的行为年龄为依据，来决定孩子什么时候开始上学，以及今后的升学，而不要以孩子的智力水平为依据来做决定。

判别孩子是否合适上学的理想年龄，应该是孩子的行为表现所处的年龄，而不是孩子的出生日期。因此，你的孩子也许今年九月之后就会满六岁，而且他的智力水平无疑是高的，但是，他的行为表现却仅仅是五岁孩子的水平（通过简单行为测试你很容易鉴别），那么，今年最适合他的地方不是一年级，而是学前班，因为在那里其他孩子都和他在同一个行为水平上。

如果你们的学校体系不提供小学学前班入学测试，你无法确认你孩子的行为年龄在什么水平上，那么这时你也只好根据孩子的生理年龄来做决定了。

在这样的情况下，我们奉劝家长们一定要保障孩子上学时的年龄要比规定的上学年龄偏大几个月，尤其是男孩子。因为按照规律，男孩子的行为发育要比女孩子慢一点。所以，在九月份开学时，最好是女孩子已经满五周岁、男孩子已经满五周岁半，你才可以送孩子去上学。

全国各地的老师和教职员工都告诉过我们，“秋后宝宝”（译者注：以加州法律为例，孩子在12月2日以前满5周岁的，当年9月就可以进入小学学前班。假如孩子的生日是在9月以后、12月以前，那么这个幼小的新生在9月入学时就还不满5周岁。这样的孩子，就是“秋后宝宝”），也就是开学的时候还不满五周岁的孩子，往往是学校里最麻烦的孩子。不仅仅是在学前班里他们麻烦最多，在以后的日子里也是如此。

好，回到我们这一章的主题。尽管我们认为你不应该过于在乎所谓的促进或提升孩子心智的理论，但是，许多家长都很想了解孩子的心智发育是怎么回事，这一点我们很理解。

因此，我们会在这里提供几条线索，告诉你一般四岁孩子的时间观念、空间观念和数量观念等是按照怎样的规律发育出来的；也会让你知道，他们在某些基本领域，比如说感知时间、感知空间、感知数量、感知幽默等方面，应该会达到什么水平。

2. 对时间的感知

四岁和以后的年龄比起来，似乎相当稚嫩；但是，要说到对时间的感知，一个普普通通的四岁小孩实际上已经是一个相当老练的小人儿了。

这个年龄的孩子，在家里说话所使用的语句中，过去、现在和将来这几个时态的运用几乎是等量的，而且用法往往是正确的。最常用的表达时间的词“天”，可以被四岁的孩子用得花样百出：“今天”“这一天”“每天”“那一天”“有一天”“明天”……

概括性的词汇中，他已经掌握了相当复杂的单词和短语：“要一个月”“每天一次”“通常”等。

用“时间”这个字眼（译者注：英语中，这是一个多义词，可以是“时间”“次数”“时候”“季节”等)，孩子可以说出很多复合词来：“午饭时”“晚饭时”“每次”“有时候”“一次”“差不多到时间了”“同时”“很长的时间”“我们的时间用完了”“到时候了吗？”等等，他甚至会用很广义的时间概括性词汇：“春季”“夏季”“冬季”。

季节性词汇还可以用其他时间概念加以限定：“明年夏天”“去年夏天”“这个冬天”，用得十分准确。

还有“分钟”这个词的用法，四岁孩子不但能说得出来，而且用得还很有板有眼：“还有一分钟”“还有五分钟”“就这一分钟”“一分钟以前”“再有几分钟就好”等。

“星期”“月”这样的词，他也会恰当使用，“下个星期”“另一个星期”“下个月”“要一个月”“一个月之内”。“早”和“晚”他也能运用自如：“晚至深夜”“一大清早”等。

四岁孩子已经开始了解季节的概念，感知到和季节相关的变化。

对于一天之中要做的事情，以及每件事情前后的时间关系，他们大多已经有了相当不错的理解。

一般来说，四岁的孩子不但可以说得出我们在圣诞节做什么，还可以说得出我们在复活节做什么、在万圣节做什么；不过，感恩节上做什么，他们却大多说不出来。(译者

注：在孩子心目中，圣诞节有圣诞老人送礼物；复活节他们去找藏着糖果和小玩具的彩蛋；万圣节他们可以出去讨糖吃。这三个节日是孩子最熟悉的节日。）还有，大多数的四岁孩子还不能准确地说出他们什么时候上床睡觉、什么时候吃晚饭、什么时候起床、什么时候去幼儿园等。

大多数的女孩子在三岁半左右就能准确地说出自己的年龄，但是大多数的男孩却必须要等他们四岁的时候，才能正确地回答出来，而且多半是伸给你四个手指头。照常规来说，四岁的孩子还不太能够说得明白他的生日什么时候到来。

3. 对空间的感知

四岁孩子的空间世界，和他生活中的其他方面一样，都在真真切切地扩大之中。这个年龄最突出的地方，就是他们对扩展性空间词汇的运用，而且明显带着四岁孩子的特色：不肯遵规守矩，颇具夸张色彩。这些空间描述词汇，有些在他们年幼时已经用过，到了这个年龄更是令人瞩目地大量使用。典型的词汇包括："在顶上""远处""往下""很高""高极了""很远处""外面""远了去了""远的没边儿"……

"里面""上面""下面"之类的空间词汇，恐怕是使用频率最高的了。一个四岁孩子在攀登架上爬上爬下的时候，他就不断地体验着所有的空间变化，也许这正是为什么四岁的孩子特别喜欢玩攀爬的原因。

这个时候，常用词“后面”给了四岁孩子一个崭新的空间范围，于是，他总是对一个东西的后面有什么东西相当在乎。他要他的书不但有前面而且还要有后面，比方说，假如他的书封面上有一栋房子，那么他就觉得在这本书的封底应该看得到这座房子的后面。

他对自己的后背格外感兴趣，总是想通过一些特别的镜子看到自己的背部。有两个小孩一起看电视，他们很喜欢看大卫·布林克利的节目。可是，他们只看得到他的前面。于是，就有人听见一个小孩对另一个小孩说：“我爸爸说大卫·布林克利也有后背，跟我们一样。”

最后，关于空间，许多四岁的孩子能说得出他住在哪个城市、哪条街。他还能做到把球放到**椅子的上面、下面、前面，还有后面。**

4. 对数量的感知

一个正常的四岁孩子，可以指着物体，一个一个准确地数到三。许多人说他们的孩子能数到十，不过小孩子有可能不是从一开始数起的。口头数数，也就是不指着具体物件，相当于背诵数字，那肯定要超过孩子能数得过来的数。

因为受到电视的刺激，有些孩子的口头数数甚至已经超过了十，但是大多数情况下，孩子并没有对数目真正地理解，也还不具备数实物的能力。

孩子的小手中至少应该要有十个可数的实物。只要他愿意，可以让他数自己的手指头。四岁的孩子就是这样自然而然地学会数数的。

还有，四岁的孩子喜欢重叠的双位数，比如44、66、77。他们也喜欢带数数的游戏，比方说丢沙包。

5. 对幽默的感知

典型的四岁孩子是个杰出的幽默家。从捧腹大笑到细微狡黠地眨眨眼，他能全方位地表达出他的幽默感来。

没有谁会比四岁的孩子更能欣赏你的幽默了，所以，你要好好享受你自己的幽默，好好享受孩子给你的这份彻底的欣赏；也好好享受孩子的幽默，更好好地享受孩子喜欢和你一起玩的这份亲情吧！

四岁的孩子喜欢滑稽逗乐的傻话，喜欢荒诞离奇的夸张，喜欢天马行空的幻想。他尤其喜欢你的幽默感，喜欢你开的玩笑，哪怕他还不太明白你开的玩笑到底是什么意思。

而他特别特别喜欢的，就是你对他的欣赏。

逗乐滑稽、搞笑好玩的书，不但是他最钟爱的东西之一，也是你可以和孩子一起享受的快乐之一。

四岁孩子对幽默的喜爱其实和他两三岁的时候是一样的：任何的错漏都可以很搞笑，比如鞋子穿反了、毛衣袖子出不来了、帽檐扣到了脑后……

但是，四岁的孩子和他两三岁的时候相比，又的确不一样了，他这时已经走入了更加微妙的幽默境界。当他给你讲故事的时候，常常加进去一些对他来说很好玩的细节。因此，一个讲故事的四岁孩子，可能会觉得这样的故事十分好笑：

“有一只猫，走错了路。它撞破了天花板，吃掉了它的门，吃掉了它的整个房子。它把自己也吃掉了。它吃掉了整个世界。”

“我做了一个很搞笑的梦，里面有个会说话的拖拉机。”

“妈妈小丑带着一群人走了过来，脸上都涂得很好笑。小男孩找到了另一只猴子，然后那个猴子哈哈大笑。”

等孩子到了四岁半的时候，他们的幽默大都还离不开这种微妙的框架。典型的四岁半孩子给我们讲的故事，会是这样的：

“大卫的妈妈把我妈妈的鼻子给揪了下来。然后我妈妈把大卫妈妈的鼻子也给揪了下来。”

“一个兔子，它跑了。它掉到了陷阱里。它爬不出那陷阱。哈哈哈！”

“那个女孩看了一眼，打了个哆嗦。然后，那棵树哆嗦起来。全世界都哆嗦起来。有颗脑袋也哆嗦了起来（摇了摇头）。”（译者注：这个“哆嗦”，用到最后，变成了双关语，不是哆嗦脑袋，而是摇了摇头。）

四岁孩子很了不起的地方在于，哪怕以大人的眼光来看，他偶尔也能让人忍俊不禁。即使他的笑话并非总有这么好的效果，但是他照样非常自得其乐，而且非常愿意让大家分享他的笑话、他的快乐。他的这份随时都想要逗乐的心，不但让你，也让他自己感到充满乐趣。

6. 编说故事的能力

一个普普通通的四岁孩子，往往就是一个语言高手。他不但喜欢听，而且喜欢说。然而令人感到惊讶的是，他可能反而不像几个月以前那样喜欢给你讲故事了。也许现在他对什么叫故事有了一定的自我意识吧。反观他更小的时候，虽然他掌握的词汇量少很多，却很愿意过来给你“讲个故事听”。

不过，你稍稍劝诱一下他，他往往还是会给你“讲故事”的。一旦开始讲，四岁的孩子就能滔滔不绝地说下去；不过，孩子也会令人惊讶地说出很多暴力情节：意外事故、豪强霸道、损害东西，甚至伤害人。女孩子的暴力故事以摔落为主，男孩子则以弄坏东西或者破碎为主。

四岁孩子的故事中不但尽是坏事，而且他们的故事中还缺乏友善，最起码男孩子的故事大多如此。在整个学龄前的年龄之中，四岁孩子的故事主题算得上是最不友善的。

四岁孩子的故事中对爸爸和妈妈的描述，男孩和女孩的差异相当大。在这个年龄段，男孩眼里的妈妈是最友善的，照顾他、满足他、同情他、保护他；女孩眼里的妈妈却总是否决她、管束她、惩罚她、伤害她。她们眼里的爸爸倒是很友善。至于我们跟踪研究的那些男孩子，竟然没有一个在故事里提到爸爸的。

还有一个男孩和女孩之间的明显差异，那就是女孩的故事大多讲妈妈、讲小女孩；男孩的故事则讲的都是男孩。

有些人担心电视中的暴力镜头会对学龄前儿童造成不良的影响；而现在你却听到我们说，在还没有电视之前，四岁孩子的故事就如此充满暴力色彩，你会不会感到十分惊愕？这些情节往往不逊色于你在电视上看到的最大量的残忍情节，甚至可能会更加厉害。

四岁女孩子的故事，是她整个故事生涯中最为暴力的，不论她更小时候还是将来她长大些，都没这么厉害。她们的故事中充斥着死亡、杀伐、吞噬、东西被撞碎、摔碎或烧毁等，小孩子要么把东西扔垃圾箱里，要么自己遭到掴打甚至被大卸八块。

她们的故事以幻想为主，而且故事场景不再是家里或近邻，而是在陌生的、遥远的地方。典型的四岁小姑娘的故事会是这样的：

“有一只小鸭子。它掉进了水里，淹死了。它妈妈过来，把它捡了起来，扔进了垃圾桶。然后，过来了一只青蛙，把它吃掉了。然后，这只很大很大的青蛙，把什么都吃掉了。你猜它还吃了些什么？它一口气把全世界都吃掉了。你猜它还干了些什么？它把它的门、它的房子，都吃掉了。第二天早上，你猜它又吃了什么？它把自己给吃掉了。”

“不要从小孩子手上抢人家的玩具。你吹起来的那些气球，有时会爆掉。如果蚂蚁吃掉了你的房子，戳穿了你的墙，把你的楼梯咬了个洞，它们才好自己住下来，那你就回不了家了。假如你吃了东西把盘子扔掉，盘子摔碎了你就要挨揍。他们拿来针，一下子戳到你胳膊上，你就淌血了。要是你把书给扔了，就会有个你不认识的人过来打你。”

男孩子的故事主题也是以暴力为主。在他们的故事里，东西总是被烧掉了、被弄碎了、掉水里了；人总是被杀掉了、送医院了、挨揍了、摔倒了、被吃掉了、弄伤了、撞扁了、死掉了。和女孩子的故事一样，他们的故事场景也往往是在陌生的、遥远的地方，而且同样超越现实，以幻想为主。典型的四岁小男孩的故事会是这样的：

“一个男孩被火箭杀死了。然后又来了一个男孩，他也被火箭杀死了。然后又来了一个男孩，他也被火箭杀死了。后来，又有一个男孩过来，那个火箭也杀死了他。后来，又来了一个男孩和一个雪人，还有一个女孩。雪人抓住了火箭，东碰西撞了一圈以后，就飞走了……那辆车子坏了，马达死掉了，然后它撞上了一辆卡车。”

7. 创造力：孩子天生就是“艺术家”

虽然有些孩子天生就富于创造性，不过，对于你的热情、开朗、率性、不时太过于激情洋溢的四岁小孩，你仍然可以用许多办法来激发他的创造力。

有些孩子，你从他两三岁起就能看得出来他的天性是什么；到了四岁，毋庸置疑你更容易看得明白，自己的孩子是否天生是一个善听的人、善说的人、善触的人，或是善动的人；你能看得出来他对什么更敏感：是声音、是色彩还是词语。

有些孩子擅长遣词造句，有些孩子擅长搭配形状和颜色，有些孩子擅长把各种想法组合起来，还有些孩子擅长他身体的运动与灵巧。

丽莎·利普曼出了一本非常有创意的书——《孩子的感知世界》，在这本书里她提供了不少建议，你也许可以参考一下，看看针对不同的孩子能提供哪些不同的帮助。

如果你的孩子对听觉感受更敏感，他可能很喜欢听音乐，而且还可能（稍长大些之后）喜欢自己创作音乐和歌曲。他也可能喜欢听人读书讲故事，然后喜欢说自己的故事，把自己讲的故事录到录音机里，或者喜欢玩所有和文字有关的游戏。

如果你的孩子对视觉感受更敏感，他往往可能很喜欢蜡笔画、毛笔画，喜欢在纸上写写画画、剪剪贴贴等，尤其是彩色的纸。如果孩子的手指细部肌肉也很协调的话，他还会喜欢用珠子穿出相当有创意的图案来。他会喜欢做模型（最简单的），喜欢玩穿插类积木或者是乐高。

如果你的孩子对触觉感受更敏感，那么他很可能从小就喜欢橡皮泥、手指画等。如果他对身体的动作很敏感，那么他表达自我的最惬意的方式，则很可能是跳舞、跑动、攀爬、荡秋千、滑滑梯，甚至是简单的杂技，而且每一项活动中都能带有他独创的新意。他也可能更喜欢手指肌肉的活动，因此他会愿意借助丰富的想象力，玩手指游戏、木偶或布偶等。

我们上面所说的这些，仅仅是学龄前的孩子喜欢的许许多多的游戏中的一部分而已。其实许多孩子很有可能不止喜欢某一方面的游戏，而是对很多不同的活动都感兴趣。

❖ 给孩子一片天，让创造力自由飞翔

不论是儿童专家还是艺术家，他们普遍认为，一旦你允许孩子自由拓展，孩子的创造力就会得到最好的激励。成年人最好的做法，就是允许孩子去投入、去创作，并且享受孩子的这份快乐，而不要太过于在乎孩子的创作是否“完美”、是否符合他原本的意图。

刻意要求孩子照着范本去模仿，或者批评孩子不够完美，这往往会扼杀掉孩子自发的创造力。请记住，不论他在做什么，他满怀的热情和满心的享受，都远远比他能做出什么结果要重要得多。

孩子的创造，最主要的目的是为了自娱自乐；可是，他也一样喜欢让身边的人高兴。当孩子还只有四岁的时候，你对他怎样赞赏和夸奖都不足为过。他喜爱他的作品，他也喜爱你对他作品的夸赞。

有时候我们往往片面地以为创造力主要与绘画有关。但是，弥尔顿·A.扬在他的著作《教你开发孩子的创造力》一书中指出，小孩子不但可以用各种你能想得到的材料或者器具创作，而且还可以不借用任何材料和设施，只凭着他们生动的想象力来创作。某些孩子能展示出来的他最了不起的创意，可能就是在他自发性地和他幻想出来的小伙伴（人物也好动物也好）一起玩耍的时候，或者是他把自己想象成小动物的时候。

我们通常都认为，如果你想要提供给孩子机会来促进他的创造力的话，那么你应该给孩子提供蜡笔和纸，要么就是手指画颜料和纸，要么就是水彩颜料和纸。不错，在孩子四岁的这个年龄段，用这些东西做出来的作品，有些不但令他自己十分得意，甚至也很可能让你佩服得五体投地。用黏土做模型也是如此，这给了孩子一个令他喜爱的传统媒介来施展他的艺术创作。木偶和布偶也一样。

但是，还有很多很多的东西，你一样可以用来激发你的学龄前孩子的创造力。下面的一些特别活动，选自弥尔顿·A.扬以及其他人的一些建议。当然，你们当中一定也有很多人有自己独具创意的方式。

出去散步，一边走一边聊聊你们看到的东西和事情。

让孩子看云，看看能不能从中找出些简单的几何形状来。

和孩子一起看鸟，试试看能不能分得清谁是谁。和孩子一起动手做一些鸟食盘、小鸟屋等。

做一个（简单的）藏宝图，让孩子根据图示寻找宝物。

和孩子玩打猎游戏，用“热”和“冷”来提示孩子离“猎物”更近了还是更远了。

拿一个小本子，帮孩子一起做记录，做成小鸟、小花、汽车等的记事本。还可以是你们出去远足或旅游的记事本。孩子可以自己剪一些图片贴到记事本里。小本子的内容、标题之类的，可以是由孩子说给你听，然后你写出来。

让孩子画一个在地球上不存在的动物，然后让孩子告诉你，这个动物怎么生活。

拿几个家里常用的物品，藏到一个大口袋里，让孩子去摸摸看是什么东西（不许看哦）。然后让孩子用这些物品编故事，故事里要说到每一件东西。

玩简单的文字游戏，比方说，说出所有能飞的东西的名字；或有红色、绿色、蓝色的东西的名字；或者和某个字押韵的其他字。

让他详细描述一个物品，但是不许用眼睛看着东西说。

告诉孩子，先要特别安静下来，仔细听听看都能听见些什么声音，随后让他告诉你他都听见了什么声音。

给孩子读两句诗，然后让孩子想出能够跟第一句诗最后一个字押韵的字来。

假装你们身处某个困境之中，然后问孩子，在这种（简单的）困境下，他应该怎么办。

其实，你不需要让孩子给你说故事，也不需要和孩子玩文字游戏，更不需要照着上面的例子特意安排布置。只要你有一个具有想象力的孩子（绝大多数的四岁孩子都很有想象力），还有一个有那么一点点想象力的你，那么，哪怕是一场简简单单的对话，都可以给你俩带来不少乐趣。四岁的孩子很能赏识你，很善于激发哪怕只有半吊子想象力的成年人的想象。没有谁能比你家四岁孩子更能欣赏你那一星半点的奇思妙想了。

假如他跟你说的是“黑骑士”能做的各种神奇的事情，你不妨问他知不知道还有“绿骑士”，然后告诉他邪恶的“绿骑士”偷走了一只小男孩的鞋，那小孩的爸爸妈妈以为他肯定回不了家了……你的四岁孩子一定会听得眼睛发亮。

假如他跟你说（如果他被爷爷奶奶灌输过的话），如果有魔鬼过来拿针戳他，他会用他闪闪发光的剑杀死魔鬼，那么你不妨跟他说，据你所知，恶魔不会拿针戳小孩，而是会诱惑小孩……他一定会听得兴趣盎然，你们关于“诱惑”的谈论可以延续很久，而且很有意思。

不必一定要有玩具，或者有书，只要有话就好，而且是你和他都有兴趣的话题。跟一个典型的生动活泼、充满想象的四岁孩子在一起，只要有话题，就足够让你们玩得心满意足。每一个家庭都会有自己奇特的想象游戏。比方说，我们认识的一个小男孩，游过泳之后，仰面躺在地上，身上盖上大浴巾，假装他是个蝴蝶茧。你要是轻轻碰碰他，就能看见蝴蝶想要破茧而出了，他的胳膊和腿，在大浴巾下面轻轻地往上抬。你要是惊扰了他，茧子就会重新闭合，手脚都放了下来。如此往返好多次以后，一个美丽的蝴蝶就会终于出来了，浑身放着光彩。（可是你要小心哦，蝴蝶有可能会变成一个小毒虫子，对于一个四岁孩子来说，没有什么是不可能的！）

还有（有人不见得会认同这个想法），你也可以和孩子一起看你们选定的电视节目，然后谈论一下你们看过的内容。

总之，不论你想要和孩子玩哪种游戏，都不要太过拘泥。要灵活自如，而且要特别注意时间。一旦孩子的兴趣淡下来，你肯定就应该停下来了。

爱他如他所是——四岁孩子的个体差异

如何才能更透彻地理解自己的孩子，这是每一位父母的必修课题。有很多方法可以鉴别孩子的个性，在这里我们将主要依照威廉·H. 谢尔登博士的系统性的体形心理学来讲述，给各位读者朋友们提供一些借鉴。

1. 多角度观察、判断孩子的个性

我们已经向你描述了一个四岁的孩子可能会有的行为表现。但是，这并非是说所有的四岁孩子从满四岁的这一刻起，言谈举止都将变得一模一样。**每一个孩子都是独一无二的，都会与其他孩子有所不同**，哪怕是同样性别的、同样背景的、同样年龄的孩子，也都会不一样。

有很多方法可以用来鉴别孩子不同的个性，描述孩子不同的特点。这些方法有些是成体系性的，有些却没什么体系。在这一章里，我们将主要依照系统性的体形心理学来讲述，也就是威廉·H.谢尔登博士的著作《不同的性情》。不过，我们也会提及一些我们在前面的《你的3岁孩子》中说到过的一些特殊的个体差异。

你也许应该先观察一下，看看自己的四岁孩子是一个能动性很高的、精力很旺盛的孩子，还是一个不怎么爱动、不太有精力的孩子；是一个比较专一的、喜欢专注在某件事情上的孩子，还是一个天性比较散漫、很难专注于一件事情、很难安静下来的孩子。

他是一个偏于执拗，容易陷在一件事情里没完没了的孩子呢，还是一个做什么事情都容易倦怠、喜欢一掠而过赶紧去做另一件事情的孩子呢？

你的孩子会更以自己的想法为主，还是主要受周围的人与事的影响呢？ 他做事情往往是会自发地开始，还是需要你先要让他停下来，然后促使他开始做这一件事情呢？

他是一个凡事都能更以理智来影响和控制的孩子，还是做什么事情都更情绪化的孩子呢？也就是说，你更能容易用道理来说服他，还是你只能根据他的感受来见机行事呢？

是你的孩子更容易调整自己以顺应环境，还是你必须调整环境来顺应孩子呢？

他喜欢风风火火，还是喜欢慢慢腾腾？他总是乱七八糟，还是非常整洁？他的眼睛总是盯着下一刻，还是老要回头看看过去？有什么事情的话，你是预先让他知道会更好些，还是最好等到最后关头再说？

他是一个完美主义者，什么事情不做到完美就总觉得不满意？或者相反，他是一个随性的、不太在意的人，什么事情都浅尝辄止，然后奔向下一个目标？

这里我们只列举出了很少的几组不同的对比而已，你可以借此鉴别一下你的孩子；然后，请你要尊重孩子的特点。你也可以自己想出许多其他不同的特性对比小组，对照和鉴别你的孩子，看他是偏于这些不同对照小组的这一侧，还是偏于那一侧。

2. 威廉·H. 谢尔登博士的体形心理学

针对奇妙的个体差异以及不同性情的探索，还有一种更加体系化的方式，这就是威廉·H. 谢尔登博士提供的方式。按照他的体形心理学体系的看法，一个人的体形决定了他的行为。只要我们观察一个孩子的体形是什么样子，那么依照这一套体系，我们就可以相当准确地推测出这个孩子会有些什么样的行为表现。尽管没有任何一个孩子会**完全只**属于某一种类型，但是大体上，人的身体形态可以分为三种主要的不同类型，每个人的身体形态都由其中的某种类型占据主导地位。

❖ 体形分类

这三种主要不同类型，分别是圆形体形、方形体形和长形体形。圆形体形的人身体偏于浑圆而柔软；方形体形的人身体偏于方正而硬实；长形体形的人身体偏于瘦长、纤弱而细腻。

圆形体形的人，胳膊和腿的长度同躯干比起来，要相对偏短一些，胳膊的上臂略比下臂偏长一些。手脚都偏小，而且肉乎乎的。手指短而略呈锥形。

方形体形的人，四肢都又长又大，胳膊的上臂和下臂的长度大致相同，大腿和小腿的长度也大致相等。手和手腕都较大，手指略呈长方形。

长形体形的人，胳膊和腿的长度同躯干比起来，要相对偏长一些，胳膊的下臂略比上臂长一些。手和脚都长得细长而且纤弱，手指尖细。

识别你自己孩子的身体体形，了解圆形孩子、方形孩子、长形孩子的常规行为特征，这将有助于你把自己对孩子的期望值调整到更符合孩子实际情况的水平上，而不会过于不切实际。如果你能够相信孩子的言谈举止与他身体的体形有关的话，那么你就更有可能比较容易理解和接纳孩子的行为，而不会再以为他的一些不尽如人意的行为是他的错，或者是你的错。

❖ 体形总特点

根据谢尔登博士的说法，圆形体形的人，他参与和活动的**目的是为了吃**，吃是他最大的快乐；方形体形的人，他参与和吃的**目的是为了活动**，他最喜欢的是运动类型、竞赛类型的活动；长形体形的人，他的活动（尽可能少地动）和吃（也尽可能少地吃）的**目的是为了参与**，去看、去听、去想、去觉察，是最能让他愉快的事情。

这三个不同体形之间的另一个区别之处是，一旦遇到了困扰，圆形人会去找人帮忙；方形人会动手寻求解决办法；长形人则退缩一旁，而且不愿被人打扰。

对时间的定位，也因为这三种体形的不同而颇有不同。我们观察发现，圆形人最感兴趣的往往是眼下，此地此刻；

方形人似乎喜欢往前看，下一件事情或新的事情才会让他觉得更有趣；而长形人则不但喜欢瞻前而且喜欢顾后。

❖不同体形孩子的具体特点

如果我们能让你了解一些这三种体形的孩子在日常生活中会有些什么样的具体表现，想必能够帮助你鉴别你孩子的类型，让你能对孩子应有的行为有一定的预期。即使是在吃饭、睡觉、与人相处等这些最基本的生活内容之中，我们也看得到不同类型孩子的巨大差异。

❖吃饭

典型的圆形孩子十分爱吃，好像他活着就是为了吃一样。他真的是什么都愿意吃。哪怕不是在吃饭的时候，他也喜欢嘴巴里有点儿什么东西，像嚼口香糖啦、舔棒棒糖啦、喝一袋美味的果汁什么的。你很少会在吃饭的时候跟这样的孩子有什么麻烦，唯一的麻烦可能倒是他太能吃了，吃得太多、太频繁了。

方形孩子对吃的热情程度要稍微低一些，不过他往往也有相当好的胃口。只要你别固执地偏要拿出某些他不爱吃的、挺难吃的食物给他的话，照道理来说，方形孩子在吃的方面没什么难伺候的，他往往饭量不小，而且吃得还挺快。

可是到了长形孩子这里，就麻烦了。吃饭的时候大概是一天之中他最难挨的时候。他的食欲非常非常的小，而且这点儿小得可怜的食欲，也很可能会因为扫到一眼那堆着食物的餐碟而败坏得一干二净。饭菜的颜色和口感也能让他胃口全无。他也许讨厌吃糊状的、疙疙瘩瘩的东西，颜色不顺眼的也不行，比如说，“那些绿色的小恶心球（豌豆）！”

长形孩子只需要很少的食物就能活得下来，而且还能活得很好，这个需要量比父母想象的要远远少得多。给孩子一天五次点心式的小餐，比传统的一天三次大餐要更适合他一些。不要逼迫孩子，他自然会按照他觉得舒服的程度来决定自己的营养需求。

❖ 睡眠

圆形孩子不但十分爱吃，而且也往往很容易入睡。不论是白天的午睡还是夜晚的睡眠，他都会舒舒服服地钻进被窝，搂着他的抱抱熊，或者啜着大拇指，很享受地安然入睡。他的睡姿十分柔软，能摆成各种各样的姿势。

方形孩子，通常来说，也是一个挺能睡的孩子。他会很快躺下来，而且很容易入睡。孩子的睡眠相当沉，不过在睡梦中他总要翻来覆去地“烙饼”。他需要的睡眠时间往往比其他孩子要少，醒得早也醒得容易。常常是他一大早就醒过来，跳下床，开开心心地过来吵醒你，而这时候可能不过才早上 6 点而已，甚至更早！

长形孩子却不同，跟吃饭一样，要他睡觉也是一件麻烦事。他往往很难入睡，而一旦睡着以后又往往早上醒不来，不肯起床。这类孩子需要相当长的睡眠时间，可他偏偏又不折腾到几乎筋疲力尽就睡不着觉。他睡得很浅，会做很多梦。也就是说，哪怕他在最深的睡眠之中，也不能完全放松下来。

❖ 和其他人的关系

圆形孩子喜欢别人，别人也都喜欢他。他对人热心而且友善，别人也往往觉得跟他相处十分放松和舒坦。他不喜欢一个人独处，哪怕很小的时候也一样。

方形孩子也喜欢别人，不过他完全不像圆形孩子那样离不开别人的陪伴。尽管如此，他通常也会有不少朋友，而且往往是一个天生的领袖，哪怕他不过是个学龄前的小孩童而已。一般来说，其他人会很愿意听他的。他与别人能相处的最好的方式，就是别人都听他的，由他来领头。他喜欢其他人，更主要的是因为他们可以一起做的事情，是他们共同参与而且享受其中的各种活动。

而长形孩子，则和前面两者完全不同，他非常需要自己的私人空间。他喜欢一个人独处，不喜欢跟人打交道。如果他能够有自己的选择的话（小孩子却总不太可能），他宁愿不和别人有什么往来。一旦身处交往之中，他往往觉得苦恼、拘谨、不安和羞怯。在幼儿园里，他和老师的相处远比他和其他孩子的相处要好得多。

❖ 情绪表达

情绪和其他方面一样，如果我们不能较好地懂自己的孩子，对孩子的期待值不够恰当，无法了解孩子行为背后的真正意识是什么，那么我们就很容易错误地指责孩子。父母非常有必要理解这三种不同类型的孩子在情绪表达上有哪些不同。

典型的圆形孩子往往毫无拘束地把他的情感表达到极致。他能哭得你觉得他的心都碎了，然后却很快又没事了，你很容易用亲吻和拥抱来哄好他。他哭天号地并不表明他真的难受得不行。

但是，长形孩子却相反，即便是非常幼小的孩子，他也很难宣泄出自己的情绪来。他可能已经十分难过了，却还不肯落下一滴眼泪。家长和老师需要格外关注这样的孩子，因为哪怕是他陷入困境之中也很可能不流露出来。如果他让自己号啕出声，尤其是在幼儿园里面，他会觉得十分难堪。而且，要安抚这样的孩子也十分不容易，因为他很难接受身体接触式的抚慰。这样的孩子往往是那个最在乎能不能轮到他的孩子，可同时又是那个最不肯张口去**请求**给他一次机会的孩子。他在情感上比别的孩子需要更多的帮助和支持。

方形孩子又是另一番不同。这种孩子的特点可以归结为最善于通过显示力量来表达情绪。他很喜欢跟人竞争、主导局势、指挥他人和征服他人。他有强大的推动力和能动性，还有十分旺盛的精力。他不但**不善于**敏感地觉察别人的感受，而且对自己的疼痛也很不敏感。他往往很有胆量，喜欢做领头的人。如果他生气或是恼怒了，总是会把怒气发泄到别人身上，而这个人常常是他的妈妈，或者兄弟姐妹。

3. 父母的苦恼

每种不同体形的孩子，都有他十分独特的行为特征，而这些不同的行为却又往往让我们做父母的十分苦恼。

❖ 圆形孩子

圆形孩子，是一个典型的愉快的、友善的、易于适应的孩子。按道理来讲，这样的孩子很难会给父母带来什么苦恼。从襁褓之中开始，人们就常常把这样的孩子看作“好”孩子，他吃得香，睡得香，很享受生活。待他渐渐长大，几乎跟每个人都能融洽相处。身边能有这么个孩子，实在是件幸事。

假如这个孩子的父母也一样是这样性情的人，就没有什么好担心的了。但是，假如做父母的是更有抱负的人，他们则往往苦恼于自己的圆形孩子太不肯用功，太没有竞争性。他们认为他懒，甚至因为他还在学龄前就这么不思进取而令他们忧心忡忡。请试着接纳这么一个现实：争强好胜与易于相处这两个特性，很难同时集中到同一个人身上。

❖ 方形孩子

方形孩子则相反，尤其是在上学之前的这个阶段，在他还没有学会把他的强大能量导入正轨之中、变得让人易于接受之前，这孩子很可能是一个让父母极为头疼的麻烦。他简直折腾个没停没歇，什么都能被他捣得一塌糊涂。随便看到什么他都要去摸一摸，而且随便他摸到什么都可能把它弄坏。他妈妈为了能撵得上他，轻易就能把自己累得趴下，而且他也很容易赢得“邻里最坏的孩子”的名声。可是在同龄孩子中他却通常很有人气（他指挥得他们团团转，很受他们崇拜）。他也往往因为对别人不够敏感而可能让其他孩子觉得高不可攀。而这也给了他父母另一个特别头疼的麻烦：他太吵了，太闹了。

任何事情在他看来，好像都能让他想到要立即做点儿什么。看到一根小棍子，他要去戳弄一下；看到一朵花，他要去揪下来，或者去闻一闻。他甚至会动用他的词库，给你来一句“外面刮大风了”。他的风风火火和他的快速思维，有时候能令他一时间说话含含糊糊、断断续续，不过这跟普通的说话磕巴完全不是一回事。

他喜欢动感的词语，“撞碎”“嘭”“轰隆”。他很早就能准确地知道物体的空间位置。凭着肌肉他就能够感觉得出是在上面、下面，还是在后面。可是，你很难让这种孩子停下来想问题，因为他总是想把一切都转换成能够立即采取的行动。他做什么都是一个“快”字，很容易而且很快就能从一个活动转到另一个活动中去。因此，他会很不愿意你要他慢下来、重复做。

他需要大量的动态之中的玩耍时间，尤其需要大量的户外活动。他需要一个很有体力的、累不垮的人跟他一起玩。你应该是一个能够欣赏他无限能量的成年人，而不是一个因为他精力太过充沛而苦不堪言的人。

❖ 长形孩子

长形孩子同样能让父母满心焦虑，不过却又是与方形孩子完全不同的原因。吃饭总是一件很遭罪的事情，睡觉也往往让人头疼不已。而且这孩子还类可能比其他孩子更容易患上各种敏感症。最让父母苦恼的是，这类孩子对人太过敏感，太怯于与人交往，太不成熟。而这些事情全加到一起，又令他很难交到朋友。请做父母的你要记住，这样的孩子很需要独处的时间，你应该理解他的安宁与羞怯。你尤其不要逼迫他去参加体育活动，不要逼迫他与人交往，因为，这些事情并不适合于他。

4. 给父母的提醒

请按照孩子本身所是的人去理解他、接纳他。爱他如他所是。

❖ 圆形孩子

如果你很幸运地有了一个圆形孩子，请你尽量享受这孩子的热心与友善。不要对他要求太多。他也许永远不会是一个做什么都干劲十足的人，但是，如果你能够接纳他这个样子，那么不论是你还是孩子，都会过得快活许多。

❖ 方形孩子

假如你有一个方形孩子，一个精力无限的小闯祸精，那么你知道打屁股等肉体上的惩罚都只能管用一小会儿。与其责罚他，不如请你多花精力去照看他，给孩子提供恰当的宣泄途径，释放他无穷无尽的能量。你也尽量别去“看”他弄出来小破坏，因为你根本没办法去惩罚他干的每一件“坏”事，那太多了。相反，你要夸奖他做得好的事情，以鼓励他再现那些好的行为。

尽量保持你平和的心境，采取措施保护好你的东西不被损坏，保护好你的孩子不受伤害，而且要确保你自己每天都能有个喘息的机会（幼儿园或者保姆）。请你记住，虽然方形孩子的能动力现在会给你带来许多麻烦，但是将来，这股力量却能使孩子在他的人生中取得相当出色的成就。

家里的东西都尽量多地装上锁，锁好药品和其他有危险的用品，还有你家里的易碎品。不能锁的东西，你要尽量放到更高的地方去。给孩子提供充足的材料让他去折腾个够：橡皮泥、面团、颜料、沙子、水、肥皂液。还有，尽量给他提供充足的设备，让他尽可能地消耗他肢体运动的能量：攀登架、弹性好的球，还有挂在门框上的秋千。

❖ 长形孩子

现在该说说长形孩子了。怎么才能给这样的孩子以最好的帮助呢？起码你要记住的一条就是，这孩子一方面往往是一个非常聪明的孩子，另一方面却又往往是一个发育晚熟的孩子。请你不要担心孩子的晚熟，不要担心孩子不善交往。将来到了一定的时候，他很可能以某种形式渐渐追赶上来，甚至超越那些发育起步很早的孩子。最关键的一条，尤其对爸爸们最重要的一条，就是你一定要让这样的孩子知道，尽管他跟别的孩子不一样，尽管他没什么运动细胞、不开朗、太羞怯，甚至为了一点点小事就耿耿于怀，你仍然喜欢他、欣赏他。

❖ 针对体形分类的特别告诫

在你试图分辨你的孩子属于哪一种体形的过程中，请你千万要记得，一个人不可能**完全**只属于这一种或是那一种类型，而应该是兼有我们讲述的所有这三种基本体型的**综合体**。除非有人是一个罕见的高度平衡的孩子，通常来说，一个孩子的体形往往由三者之一的某一种（圆形、方形、长形）占据相对主导的地位，从而很有可能从某一方面给这孩子的言行举止带来最大的影响。

我们还要进一步告诫你，一定要看到遗传特性（在这里就是身体的形状）和环境之间的交互影响对孩子的作用。这一点之所以重要，是因为很多人都错误地诠释了谢尔登博士和格塞尔博士的观点，以为他们都漠视环境对人类机体的影响。

阿诺·格塞尔博士早在1940年就明确地指出：

在评估成长特性的过程中，我们必须重视成长环境的影响，包括文化背景、兄弟姐妹、父母、食物、疾病、创伤、教育等。但是我们也必须考虑到这些影响与成长主导因素以及体形之间的关系，因为后者将最终决定成长特性的程度，甚至是其对环境的反应模式。人类机体始终都参与其环境的创造之中，孩子的成长特性实际上是其内在限定与外在限定之间相互影响的最终结果。这相互影响才是关键之所在，所以我们不应过于强调这两者之分。

❖ 注重孩子的自我意识

任何孩子的个体特性中极其重要的一点，也是成年人越来越关注的一点，就是这个孩子的自我意识，或者说，这孩子对自我的感受。父母对孩子的关注重点已经有了某种程度上的转变，不再只是偏重于孩子的成就（让孩子做得“对”），而是变得更注重孩子对自己作为一个人的自我意识。

毫无疑问，若要让孩子对自己感觉良好，有两条最好的途径。其一是你让他知道你很爱他（他让你很满意）；其二就是确保他在各种情况下，大多数时候都能够应付自如。

你对孩子本身了解得越透彻，越知道他的长处和短处在哪里，就越能够帮助孩子在更多的场合下做成他想做的事。

在这里，你对孩子的体形有了更多的了解，知道这类孩子总体来说会有哪些行为表现，这将对你大有裨益。如果你能够更恰当地把握好对孩子行为的合理期望，而不再竭力想把孩子改变成他永远成不了的样子，这会有助于你更充分地让孩子展示出他的长处。你可以帮助孩子按照他的本色做得更好，而不必企图把孩子变成他不可能成为的、不同于他本色的人。

你现在已经读过了我们对圆形孩子、方形孩子和长形孩子的描述，应该已经明白，我们既不可能把一个长形孩子变成圆形孩子，也不可能把一个圆形孩子变成一个方形孩子。现在你已经开始懂得了自己正在成长之中的孩子；等孩子渐渐长大，希望你也能够帮助他更好地懂得他自己。

但是，一个人本身的身体结构会在某种程度上或早或迟地给自己带来一定的局限，也就是个人特性上的局限。典型的方形孩子善动，但缺乏更有深度的自我内省；典型的圆形孩子善于感受别人，但缺乏对自己应有的关注；最为敏感的长形孩子，却又是一个最关注自己、更对自己感兴趣的人。当然，即使是在这一点上，孩子们也都不尽相同，因为，每一个孩子都是一个独一无二的个体。

你是否也遇到过这些麻烦——

源自家长们的真实故事

不同的孩子在成长过程中会表现出一定的规律和特点，很多孩子在同一件事情上出现了同样的让父母棘手的问题。为了帮助父母解决这些问题，我们特意挑选了一些有代表性的家长来信进行分析，相信会对读者有所帮助。

译者注： 这一章的内容，全部摘自当时的报纸专栏，由本书作者们，也就是“格塞尔人类发展研究所”的资深儿童研究员们，应答家长们在养育过程中的苦恼。人们尊称这些资深研究员为“博士”，他们也都是货真价实的大牌博士。

1. 女儿什么规矩都不肯听，让妈妈讨厌透了，该怎么办?

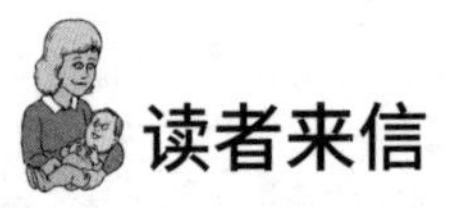

读者来信

亲爱的博士：

记得我十多岁的时候，曾经在哪本书上看到，说四岁的小孩子别提多张狂了。那时候我完全没有意识到，但仅仅数年之后，我居然就成了这样一个小淘气精的妈妈。

我的女儿仙蒂，特别的粗鲁、难以管教。她简直不肯听从任何规矩，有时候我真是对她讨厌透了。她跟外人在一起的时候，很聪明也很惹人喜爱，出门在外的时候一点也不淘气。但是在自己家里，我却实在受不了什么都绝对要她说了算的架势。她还特别喜欢涂口红、穿大人衣服。看她穿着高跟鞋满屋子踢踢踏踏，我真是恨得牙痒痒！

最近这段时间我把她送进了幼儿园，我实在应付不了她了。万幸的是她和她爸爸之间还算过得去。我将十分感谢你能给我一些建议，因为我的生活简直就要被这孩子给毁了，我都快要绝望了。

专家建议

要让一个张狂的四岁孩子安静下来，最好的办法恐怕就是你尽量别去搭理这孩子。她的张牙舞爪至少有一个目的，就是引起你的关注。既然没人稀罕关注，那还有什么好玩的呢？

还有一个积极一些的做法，就是假如你女儿跟你吹牛皮、说傻话，你可以比她吹得更夸张、说得更傻气。她肯定很喜欢你这么做，而且你们俩很可能都乐在其中。

你说仙蒂不肯听从任何规矩，那么你有没有试过跟孩子明确地说:“不要超过那道门”“等到大针指到最上面的时候”“规矩是你不可以扔玩具”？试试看，许多孩子都能接受这样的明确要求。还有一种更为正面的做法，就是你试着去附和她喜欢新东西、喜欢冒险的特点，带女儿去郊游、去远足。你不是说，出门在外的时候她表现得很好吗?

你要好好利用四岁孩子喜欢别人夸他的特点。找找看什么事情可以夸夸仙蒂，然后你狠狠地夸她。你也要好好利用四岁孩子喜欢“小把戏”以及各种新奇做法的特点，这能使你们的日常生活多出好多乐趣来。

有很多小女孩，在她们四岁的时候，都会像仙蒂这样，喜欢花时间打扮自己，穿着高跟鞋到处走，甚至给自己围上一条带花边的旧窗帘。这种游戏的确让人看着腻味，不过，如果你跟孩子提要求时能来点儿戏剧性，孩子的这种游戏其实可以被你限制在一定的时间范围之内；而如果你也能跟孩子一起玩的话，你不但会觉得这个游戏并不算太无聊，而且还会跟孩子多出许多快乐来。请你去找一个大盒子，装些特别的衣物，告诉孩子可以在某个时候拿出来玩。

既然你说仙蒂和爸爸相处得不错，那么请你劝说爸爸偶尔在星期六或者星期天带她出个小远门，让你可以彻底不用操心仙蒂一阵子。你需要调整“真讨厌那难伺候的小丫头”

的心态，而通过这哪怕短短几个小时的放假，你的这种心态肯定能够得到很好的调整。

我们并不责怪任何一位妈妈的感受，哪怕是对她自己某个孩子一时的讨厌。可是，请你记住，你是仙蒂唯一的妈妈。让她觉得她的某些行为会惹你讨厌，不会得到你的允许，这合情合理；但是，如果你让孩子觉得你真的不喜欢她了，这对她来说一定相当的悲惨。

2. 四岁孩子有时不说实话，怎么办？

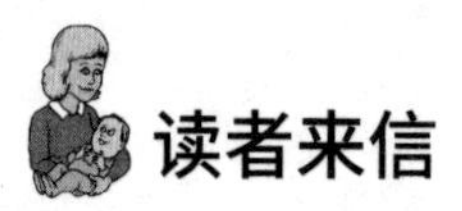

读者来信

亲爱的博士：

我们有一个四岁的儿子欧文，他不仅是我们的第一个孩子，也是目前唯一的孩子。他让我十分苦恼。我和妻子都是常去教会的人，我们有非常明确的是非观念，对欧文从来都特别强调讲真话的重要性。

但是，有一天，我妻子捉到他行为不端。我们要问问他到底是怎么回事，结果开始的五分钟内他就撒了五个不同的谎。我们到底什么地方做得不够好？我们怎么才能让欧文知道，他必须要说实话？

专家建议

你们不妨继续坚持你们一直以来的做法，对欧文强调他必须说实话。同时，也不妨继续坚持你们一贯的是非观念，为孩子树立一个好榜样，而且，当事情发生的时候，要对孩子格外强调说真话的重要性。

之后，请你们等待孩子成长。大多数的四岁孩子的确有时不说实话。在四岁这个年龄段里，孩子们会自吹自擂，会添油加醋，尤其爱撒谎。不论你们树立了多么好的榜样，不论你们怎样竭力教导孩子，结果都会是这样，因为，绝大多数的四岁孩子都还没有达到能够只说真话的成熟度。

我们觉得，你和你妻子也许十分有必要更多地了解一个正常孩子的成长规律。

3. 孩子有个幻想小伙伴是不是个大问题？

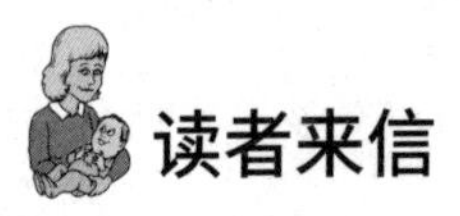

读者来信

亲爱的博士：

我和我丈夫都是年龄偏大的父母。我们只有一个孩子，四岁的小男孩，名字叫乔纳森。他曾经给我们带来许多欢笑，我们也一直努力想做个好家长，可是，有时候真是觉得我们对孩子懂得太少了。

他让我们觉得头疼的行为只有一个，实际上我们已经为之苦恼了八个月了。虽然乔纳森有很多的邻居小朋友可以一起玩，可是，他却把自己大部分的时间和乐趣，献给了一个纯属幻想出来的小伙伴，名字叫郁金香。郁金香不但占据了乔纳森很大一部分的时间，而且还成了我们家的主宰。

假如郁金香不肯跟我们出去散步或者乘车出门，那么乔纳森也会不肯；假如郁金香不喜欢吃某种食物，那么乔纳森也不会喜欢，诸如此类。这样的事情一天到晚都随处可见，而且日复一日。

针对这一奇怪的现象，我们的朋友和儿科医生各有不同的看法。这些不同的看法包括以下几种：

（1）这样的行为十分正常；

（2）这表明乔纳森的情绪很受困扰，因为他分不清什么是真实，什么不是真实；

（3）乔纳森这样的玩法，说明他因为是家里唯一的孩子而十分孤独。有人认为我们应该允许他这样的行为，甚至鼓励孩子这么做；有人却认为我们应该制止孩子的这种做法。

请问你的建议呢？

专家建议

我们认同第一种看法，也就是说，我们认为孩子的行为十分正常。这完全不代表乔纳森十分孤独；相反，倒是因此而表明了这个孩子是一个非常有想象力的，而且很可能是一个非常聪明的小家伙。他无非是有些偏久而且偏固执地滞留在了非常典型的三岁半孩子的行为之中而已。我们所认识的孩子当中，男孩也好，女孩也好，他们大多数都很喜欢他们的假想小伙伴。

我们可以向你们保证，这样的行为在未来的几个月之内将会自行消减甚至消失。不过，在郁金香消失之前，请你们好好利用这个小伙伴。假如你们想要乔纳森做什么事情，那么告诉他说（当然，要动作快，在郁金香还没来得及反驳之前）："这件事情郁金香做得可好了！""郁金香一定会很愿意和你还有我们一起，出去散个步。"要把郁金香当成你们的同盟军，而不是你们的敌人。放下心来，不要担忧。

4. 孩子老是哼哼唧唧，怎么办？

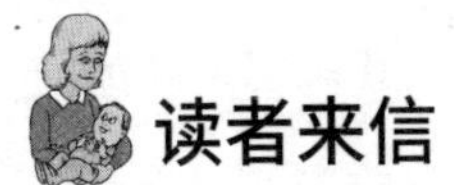

读者来信

亲爱的博士：

我的问题，就一个词：哼唧！

雅各布四岁了，过去的几个月中他一直哼哼唧唧，有时候轻一些，有时候厉害一些。他三岁半的时候曾经很糟糕，后来好了一点；但是现在简直比原来更糟糕十倍。

我们曾寄希望于送他去幼儿园，以为这样能有所改善。事实也的确有所改善。但是，他每个星期只有三个上午去幼儿园，其他在家的日子简直糟糕至极。如果我放下手里的活去陪伴他，他能好个十分钟，还会对我说："妈妈，你去熨衣服吧。"可是，用不了一会儿，他就又哼唧上了。

他喜欢我带他出去，比方说去买东西，或者去哪里拜访。问题是我没有汽车，不能带他一起去。他除了哼哼唧唧就没有其他宣泄情绪的途径了。

专家建议

对很多妈妈来说，哼哼唧唧也许是最能让她们抓狂的一件事了。幸运的是，看来雅各布的哼唧时有时无，你由此可以指望他到了五岁的时候会有所改善。

在你耐心等待他慢慢改善的同时，我们觉得你也许应该好好调整一下你的家务安排，在孩子不去幼儿园的日子里，你可以少做一些家务，多抽出些时间来陪伴他。

你说自己没有汽车，不过，你肯定可以带他在附近走一走，满足一下孩子的愿望。对一个小男孩来说，一点点小事情就能带给他很大的新奇感。比如说，带他出门去看看工人挖坑，去小区附近的小店买东西，或者随便在小区里走走看看。

你说孩子喜欢社交，的确，大多数的四岁孩子都喜欢出去拜访别人。你有没有哪家邻居可能愿意让他去玩玩？你可以先和邻居商量好，到时候送孩子过去玩一小会儿。

还有，我们觉得如果让雅各布跟保姆一起的话，他的哼唧会比在你身边少很多。你能不能安排一下，比方说每星期选两个下午，在孩子午睡过后，请一个保姆过来带雅各布出门去玩一两个小时？

傍晚你忙着做晚饭的时候，也往往是一天之中孩子最累因而也最容易哼唧的时候。如果可能的话，你也许可以让保姆稍晚一点过来帮忙。你也可以试试看能不能早一点儿让雅各布吃晚饭，早一点送他上床睡觉，以避开傍晚 5 点到 7 点的全家时间，而这个时间段往往可能是孩子最闹腾的时候。

你的这些安排和计划并不能完全保证孩子不再找你哼

唧，但是孩子如果能有很多事情忙来忙去的话，他一定不太会过来缠着你哼唧。到了周末的时候，我们希望孩子的爸爸能照看一下孩子。大多数的男孩子在单独和爸爸一起去外面玩的时候，都不会找爸爸哼唧的。

5. 四岁孩子不爱吃饭，怎么办？

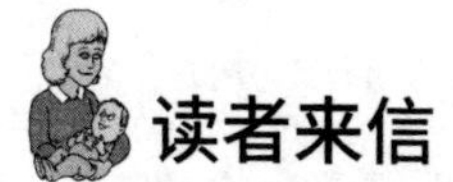

读者来信

亲爱的博士：

我有三个孩子，一个女儿，还有两个儿子。儿子大的四岁，小的十个月大。这个四岁孩子是我唯一的心病：他不肯吃饭。去年我们带他去看过医生，因为他总说吃饭的时候胃疼。医生说这孩子身体上没有任何毛病，建议我们不要去管他吃不吃饭，还说他饿了自然会吃。

后来的几个月，我们遵守医生的建议，不去

理睬他对我们的威胁：“今天晚上我不吃饭。”他会吃些他喜欢的东西，一点沙拉，还有甜点。可是，这种不管他的办法其实一点儿也没用，真的！他简直就什么都不吃！我坚信这办法只不过让他的胃部萎缩得更小了而已。直到现在他都还不肯正常吃饭。

所以，我又回到老套路上，逼他、哄他、惩罚他。

是不是每一位做妈妈的都要经受这种折磨？我女儿就从来不给我这种麻烦。请问你有什么办法，能让我们不至于到了吃饭时间就“谈吃变色”？他去他姨妈家玩的时候，我们不在他身边，他也吃得挺好。我们总不能让他在家里饿肚子吧。你还有什么我们没有试过的好办法吗？

专家建议

有另外一位母亲遇到过和你一样的问题，我们很愿意借用她的话来回答你。这里就是她的建议：

1. 最难以改变的，是爸爸妈妈对待这件事的心态。我自己也曾一度十分绝望。一旦你带孩子看过大夫，查明孩子虽然不怎么肯吃饭，但他身体健康方面没有问题，那么，孩子不肯吃就不肯吃好了，你要放下焦虑。

2. 家里不要到处放些甜食。除了过生日以外，不要给孩子任何甜食。我们俩就一度需要等孩子们都上床睡觉了以后，才去享用我们自己的咖啡和甜点。

3. 除非单独让孩子吃饭能省很多事，否则最好让你的“小不肯吃”和全家一起吃饭。我就曾经有过很糟糕的经历，单独给我那心肝宝贝开小灶，可做出来的东西他却根本不吃，真把人气得够呛。

4. 给那“小不肯吃”添饭的时候，什么都只用小茶勺装半勺就好。即使这样，你也要有心理准备，装到他盘子里的饭菜，恐怕还是要倒掉不少，而且你要这么做挺长一段时间。

5. 你们夫妇俩吃饭的时候，眼睛请不要总盯着孩子。预先找些话题，吃饭的时候只管聊你们的，这样大家的日子都好过些。

6. 假如等你吃完了饭之后孩子才姗姗来迟，那么只要他肯坐下来吃饭，你只需微笑着跟他说“我先下桌子啦”就好。

7. 我俩不允许我家的几个小家伙给自己添饭。他们会觉得把餐盘装得高高的很好玩，可是却又不会吃多少。到餐厅里点菜的时候，也是一样。最好你只允许他们从两种水果中挑一种，或者从两种菜式中挑一种。如果你让孩子随便点菜的话，他们往往会弄一个很稀奇古怪的菜单，而结果常常是他们并不肯吃自己点的那些东西，从而最后弄得大家都很不高兴。

8. 两餐之间的点心，看来各家各户的做法都不一样。我们家的几个小家伙，不论给不给他们吃点心，到了吃饭的时候，他们都只吃那么多，或者说是那么少。所以，我们家是允许孩子在两餐之间吃点心的。葡萄干、水果汁、饼干等，都很受欢迎。

9. 有几种食物你也许还没试过，可以在点心以及正餐时拿给孩子吃吃看：一两颗梅子果脯或者无花果果脯；一小撮碾碎了的奶酪；橙子汁里加一点打碎了的鸡蛋；也可以往牛奶里放点儿香草精，放点儿糖。每次只要半杯就好，给他们插上一根漂亮的吸管。家里自制的爆米花也很好，切1/4块苹果也很好。

10. 最最重要的事情是你必须要明白，许多孩子的胃口真的非常非常小。

6. 孩子老是把头蒙在被子里睡觉，怎么办？

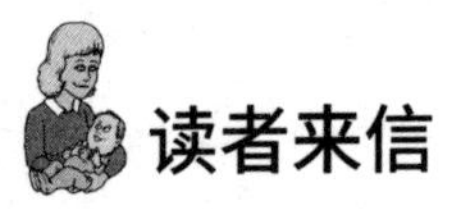

读者来信

亲爱的博士：

我阅读你们写的专栏已有多年，你们的建议看来对那些需要的人都很有帮助。我希望你们这次也能帮到我。

我和我四岁半的女儿玛莎之间有一个问题，我认为那是个问题。这是最近新出现的：她在夜里睡觉的时候，一定要把她的头盖上，不论天气是冷还是热。

如果她和别人一起睡觉，或者是白天打个盹儿，她并不需要把头盖住。可就是晚上一个人睡觉的时候，她一定要这么做。我跟她说过不行，告诫过她说那样做可能会让她喘不过气来，也打过她屁股，可是都没用。她会等到她以为我们都睡着了以后，再盖上自己的头。我也曾问过她，是不是害怕什么，可她又说不是。

她这是阶段性的吗？如果不是的话，我该怎么办？

专家建议

玛莎比较古怪的睡觉习惯应该只是阶段性的。我们很理解你女儿的这种特殊做法的确会令你担心她半夜喘不过气来。

其实，你女儿这么做，是针对四岁孩子的一个常见问题的聪明办法。她只是想要遮蔽所有的视觉刺激而已。孩子会有一个阶段对影子或者移动的光线非常敏感，甚至是墙纸上的花纹他们都可能觉得在动。有时候，半夜一辆车子开过去，车灯一瞬间晃过孩子的窗户，就能把孩子弄醒。

当孩子表现出这种因为光线和影子而造成的困扰时，我们应该想想办法，看看孩子的床是否可以换换位置，让她不至于能看到窗户。你也可以用遮光帘把光遮住，但是这样做的话屋子里又会太黑了，所以你可以装一个瓦数很低的、不会造成光影的墙角灯。你也可以把房门留一个缝，或者在客厅里留一盏小灯。

你还可以去买一个夜光小玩意或者夜光画之类的东西，孩子往往都很喜欢。这些小夜光体可以发出淡淡的光，让孩子觉得身边有个陪伴。

我们以前还从没有听说过孩子因为给自己遮住头睡觉而窒息的情况；当然，如果孩子肯用透气性更好的布单遮住头的话，父母可能会更容易放心一些。不过我们还是劝你最好能找到你女儿这么做的真正原因。既然你说到当孩子身边有人时，她的这种恐惧会消失，那么真正的原因也许隐藏得并不很深。

7. 孩子常做噩梦，怎么办？

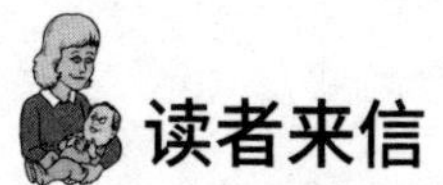

读者来信

亲爱的博士：

我四岁半的女儿安德里娅最近总是睡着一个小时以后被噩梦惊醒。醒来时，她会哭泣、颤抖、揪扯自己的刘海，显得很紧张也很不安。这时她说话往往语无伦次，而且也不太愿意跟我说到底是怎么回事。

昨天夜里她又醒来，问我："安德里娅在哪儿？"我跟她解释说她就是安德里娅。通常我都能够使她安静下来，可她常常是刚重新入睡一会儿就又一切都重来一遍。她还觉得有虫子在她的床上爬。

我们的医生给她开了一种安神药，可是不太起作用。白天的时候她挺好的，大部分时间都跟和她同胎而生的哥哥一起玩，跟她的小妹妹一起玩。只是起了争执的时候，她不太会为自己申辩，只知道躺到地上哭。

也许在这件事情上我想得太多了，可是，我还是很希望能得到你的见解。

专家建议

做噩梦是四岁孩子的常见现象。我们不认为这是多大的问题，但也理解这的确会让妈妈很不安。安德里娅和哥哥妹妹一起玩的时候也许需要多培养一点儿耐心；不过她的这种噩梦在四岁的女孩中不算是罕见，而且这种做噩梦的现象还会延续好几年。

孩子那吓坏了的、语无伦次的情形，自然也会吓到你。而这时能做的事情，你已经做得很好了。除此之外，你还要尽力保障她白天的生活要愉快而且充实，不要对孩子要求太多，也不要让她太过兴奋。孩子惊醒的时候，你安慰她、爱抚她、跟她说说话，然后让她回去睡觉。

对有些孩子来说，吃点什么或者喝点什么会很有安抚作用；给孩子用凉水擦把脸也有不错的效果；把孩子从小床里抱出来，换个环境睡觉，也常常是个好办法。

至于孩子说她床上、屋里有虫子，这也是很正常的事情。有些父母觉得这时候最能安抚孩子的办法是向孩子保证真的没有虫子；还有些父母认为最好的办法是把这些怪兽轰出去，假装用手或者扫帚把虫子从床上扫下来。另外，有一套很好的睡前故事书，罗素·霍本的《弗朗西斯要睡觉了》，安德里娅也许会喜欢你读给她听听，而且这些书应该能对她很有帮助。

你目前所能做的一切，实际上来看就是继续做你已经做着的一切。让孩子有一个愉悦的、放松的、舒适的睡前时间，给她读读她喜欢的书，和平常一样，睡前亲亲她、抱抱她、为她祷告。

同时也请别忘了，并不是所有的恐惧感都让孩子觉得讨厌。我们认识的一个三岁半的孩子就告诉我们说，他什么都怕，“连我自己的名字都怕”。他又添上一句：“我也怕老大（他的狗），甚至是我的梦。我什么都怕。”他说有时候大鳄鱼会在他的梦里咬他。可是，他这么告诉我们的时候，脸上的神色却带着份快意。

不管怎么说，做噩梦是四岁孩子的自然现象，应该没什么大碍。当然，这的确会让担心孩子的人感到有些不安。

8. 四岁的孩子还尿床，正常吗？

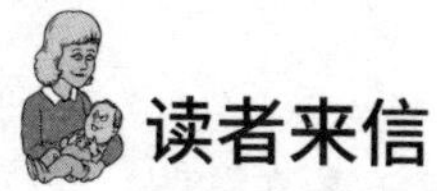

读者来信

亲爱的博士：

正如你最近写的那篇文章“尿床之家”一样，我家也有四个尿床的孩子。我告诉自己说这是正常现象，让自己不要去瞎操心，等他们自然成熟。可是，这真的是正常现象吗？

我现在最大的麻烦是我四岁的女儿塔米。她现在仍然整夜尿床，前一段日子她还跟我其他的孩子一样，至少愿意穿橡皮裤子（译者注：那是30多年以前，美国还没有尿不湿，只有用这种不透气的橡胶做成的防水内裤），夜里床上还算干爽。可是，前几天，她一大早醒来就开了门冲到外面去，结果被一个五岁的小邻居看到了她的样子，嘲笑她说，“婴儿裤！婴儿裤！”这下可好，麻烦来了。

从那一天开始，她再也不肯穿橡皮裤，只肯用尿布。因此，每天夜里她都能把尿布湿透，床上大发洪水。以前我从来没有太把尿床当回事，但是现在我开始动摇了。于是我对邻里30户人家的41个孩子的家长展开了一番调查，询问他们的孩子过去三年以来的尿床情形。

这里是我的调查结果：有29个孩子早在三岁的时候夜里就不尿床了；有38个孩子从三岁半开始不再尿床；而这41个四岁以上的孩子当中，40个孩子从四岁起不再尿床了！

可是，为什么商店里都在卖四岁孩子用的橡皮裤呢？要么是我家的孩子太特别，要么就是我调查的大多数家长不好意思说实话，哪怕是在现在这个开明时代。请你告诉我，哪里能找到比较准确的四岁孩子尿床与不尿床的百分比？

专家建议

我们觉得你要的百分比恐怕还没有，不过，一个四岁大的孩子在夜里尿床实在不是什么稀罕事。如果你连接受这么一个简单而常规的事实都还需要借助百分比来说服自己的话，看来你这个当妈妈的是真的心里没底了。

至于你收集到的数据，我们认为，要么就是你们邻里的那 41 个孩子太不同寻常，要么就是他们的妈妈不够诚实。孩子尿床实在是很正常的事，不论是三岁、四岁、五岁，还是六岁的孩子，都算是正常现象。供四岁孩子用的橡皮裤之所以能在商店里买得到，当然是因为有人去买。我们收到的各种问询信中，问得最多的一个问题，就是怎么才能让四岁、五岁、六岁的孩子不再尿床。

估计你家塔米的床上应该铺有隔水床单。你能不能想办法让她重新愿意穿上橡皮裤睡觉？比方说，你可以拿一件和她的橡皮裤相称的漂亮短睡袍，告诉她说，如果她想要穿这短睡袍，就需要配上橡皮裤才行。你很可能还需要等上一两年，没有橡皮裤的话你不知要多洗多少床褥。

你那另外三个尿床的孩子都多大了？如果他们都更小，你可真要忙活一段日子了；如果他们都比塔米大，那么你有必要考虑一下下面这封信中提到的治疗仪。

9. 治疗仪可以帮助稍大一些的孩子戒除尿床习惯吗？

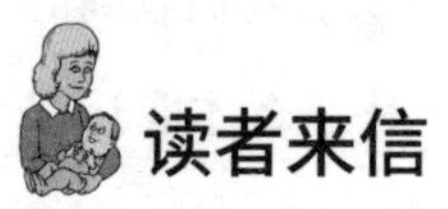

读者来信

亲爱的博士：

我读到一段报纸，说有个妈妈把她五岁的儿子关在小屋里不许出来，还不给饭吃，因为他尿了床。我有一个四岁的女儿，也一直都在尿床，直到我发现了一个产品，才使得她终于不再尿床。

我从报纸的广告栏里发现了一则关于尿床治疗仪的广告，打电话去一问，老天爷，那租金可真是个天价！300 美元一个月，保用期一年。广告说，孩子应该在30天之内就不再尿床了。好在有人告诉我某百货公司也卖一种类似的产品，我再打电话过去问，发现那里的价钱还不到50美元。那是一个带电池的装置，里面有两层锡箔，另外还配有一块单独的垫片，孩子一尿湿就会启动蜂鸣器。（锡箔可以换，而且价格很便宜。）

这一条消息应该让更多的人知道。我给我的女儿用了，三个星期以后，她就终于能不再尿湿她的床了。我把这治疗仪拿给医生看，医生居然从没听说过这东西。现在我已经把这东西收到了柜子里，不知道是否还有机会再用。

那个蜂鸣器一旦响起来，会一直响到有人起来关掉开关，照顾孩子。我希望能有更多的人知道这个产品，那一定能帮到很多的尿床的孩子。

专家建议

我们很高兴可以在此借用你的信，因为我们相信你的经验可以帮助到很多面临同样尿床问题的，却还不知道市面上已经有好几种很不错的治疗仪的家长。

不幸的是，有一派的心理学家和医学家们认为，尿床是孩子情绪困扰的一个标志，是问题的表象，因此哪怕你消除了表象，但是问题仍然在那里。

不错，有情绪困扰的孩子会有很多种不同的问题表象，而尿床有可能是其中之一。但是，我们现在并没有证据能证明所有尿床的孩子都有情绪困扰，甚至没有证据能证明情绪困扰和尿床有任何关系。经验告诉我们（译者注：这本书写成之时，这些博士已经针对数千名孩子系统性地观察与研究40多年了），有些孩子能够不再尿床的年龄只不过天生晚一点，这和有些孩子说话晚一点、走路晚一点一样，十分正常。

针对尿床的孩子，最有效的解决办法，就是等待孩子自然成长。因此，我们更倾向于至少等孩子长到六岁（最好是七岁）之后，才去寻求外来辅助，例如上面这位妈妈提到的治疗仪。孩子一旦到了六岁、七岁，许多父母发现这时只需借助这种治疗仪一两个星期，就能让孩子达到不再尿床的理想境界。

少数孩子虽然借助这种治疗仪能够一度不再尿床，可是过后有可能会有反复，需要再次借助治疗仪的帮助。当然，更多的孩子是一次成功之后，从此再不尿床。

这种治疗仪目前各种价格档次的都有，这很方便每个家庭按照自己的承担能力来挑选。使用这种治疗仪的时候，最好能够遵从儿科医生的医嘱，在他们的指导下使用。

10. 孩子经常吸吮大拇指，怎么办?

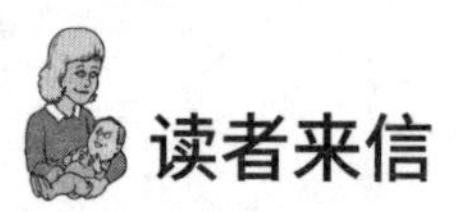

读者来信

亲爱的博士：

我四岁的女儿唐娜到现在还吸吮拇指。牙科医生表示最好现在就能戒除她的这个习惯。你有什么建议能帮我解决这一问题吗？或者，更好的话，你知道有什么设施可以用来帮助孩子纠正她的坏习惯吗?

专家建议

我们知道，有些牙科医生的确不太愿意看到孩子吸吮拇指。但是，大多数牙医现在都已经认为，孩子吃手指头的习惯会在长出恒牙之前自然消失，老天也自然会让恒牙排得整整齐齐地往外长，吸吮拇指应该不会对恒牙造成什么伤害。

至于我们自己的看法，则倾向于在孩子六岁以前不必太在这件事情上费力气。大多数的孩子能够意识到他们的父母不太喜欢这种行为。许多孩子长到五岁或六岁的时候，就已经有能力遵守这样的规矩：想要吃手指头的话，回自己的房间里去吃。

你以前曾花了多少力气在孩子更小的时候阻止孩子吸吮拇指，这很容易从他后来吃手指头的密度和广度上判断出来。你的孩子现在越是白天黑夜地吸得厉害，这越说明你以前的努力统统白费了。而且，如果你过早地对孩子唠叨这件事，那么他很可能早就把你的话当耳旁风，使得你将来再没机会去纠正他。

你说得不错，还真有一种设施，看上去很可怕的、用铁丝做的一种东西，可以套在孩子口腔上颌附近，孩子吸吮的时候会刮疼他的手指头。我们从来不推荐用这东西。但是如果你想要的话，你的医生有可能会提供给你。

如果吸吮拇指的行为一直延续到上学，那么，孩子这时候应该有了足够的能力，来配合你的要求做各种努力来改掉这一习惯。但是我们认为，四岁的孩子还没有这个能力，四岁不是你在这件事情上大费力气的最佳时刻。不过，四岁的孩子却往往能在睡觉的时候不再吸吮拇指。一旦这样，这就说明吸吮拇指的习惯就快要结束了。

许多妈妈现在已经不再把吃手指头称为“坏习惯”，而改称为“紧张宣泄”了；她们已经不再跟这一行为过不去。最近凯瑟琳·恩斯特还出了一本能给人安慰的图画书——《丹尼和他的大拇指》，她在这本书里甚至还安慰我们的拇指小吃客们，说他们的行为不是什么坏行为，让孩子且放宽心。

11. 怎么跟小男孩说家里有了新宝宝？

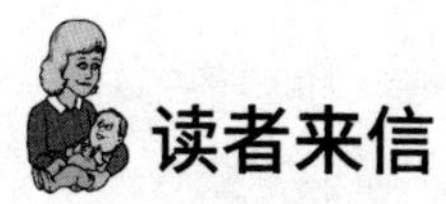

读者来信

亲爱的博士：

我们四岁的儿子肯尼是独生子。但现在，我就要有一个新宝宝了。尽管我已经怀孕六个月，可是肯尼似乎还没有注意到我有任何不同。我有些犹豫，不知道该什么时候告诉孩子家里将添个新成员？我该怎么跟孩子说？

专家建议

该怎么跟孩子说？请以你能够做得到的最不羞怯、直截了当而又陈述事实的方式来说。

该跟孩子说些什么？说你知道的事实就好。一旦你提起这个话头，那么根据孩子自己提出的问题，你就能知道他对你的话能够接受到什么程度了。有的四岁孩子已经可以相信小宝宝是在妈妈肚子里渐渐长大的，可也有些孩子却还局限在他们以前幼稚的念头上，以为宝宝是从商店里买回来的。请你告诉肯尼事实，不过要避免冗长的解释，如果孩子还不肯相信，那就别强求孩子。

什么时候跟孩子说？你已经做得相当好了，只要孩子尚未来问你，你越晚告诉他越好。四岁孩子的时间观念和我们很不一样，如果妈妈一怀孕就把这个消息早早地告诉孩子，那么对学龄前的四岁孩子来说，要慢慢等到宝宝出生那一刻，不知要等得多么心烦。

现在市面上已经有很多不错的书，可以让肯尼更明白你要跟他说些什么。希望你不会觉得我们太直率，我们强力推荐彼得·梅尔的《我从哪里来的》。如果你想要一些更老派的，那么请试试看诺玛·西蒙的《宝宝之家》、保罗和凯·绍尔斯的《从前你是一个小宝宝》，还有莎拉·波内特·斯坦的《生个小宝宝》。

12. 四岁孩子有抓捏生殖器的习惯，怎么办？

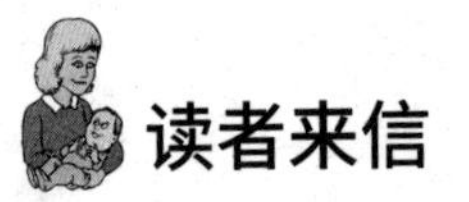

读者来信

亲爱的博士：

我们年仅四岁的小儿子，自从他七个月大时就开始抓捏生殖器。他有一个十一岁大的姐姐，姐弟俩关系十分友好。不过除此之外，他是一个十分孤独的孩子。我们家住在公寓里的第三层楼，楼底下的邻居讨厌任何嘈杂的声音。我也不能允许他到街上去和别的孩子一起玩，因为那些孩子总是没人看管。

我们的家庭幸福美满，两个孩子都很受我们的钟爱和接纳。最近，小儿子抓捏生殖器的行为越来越厉害，无论我们怎么做都没办法制止他。我们尝试过格外疼爱他，分散他的注意力，也打过他，甚至还跟他有过一次“严肃的谈话”。可是，怎么做都没用，他眼泪汪汪地坚持说：“我只能这么做，这会让我舒服些。”

我们很希望能得到你的建议。

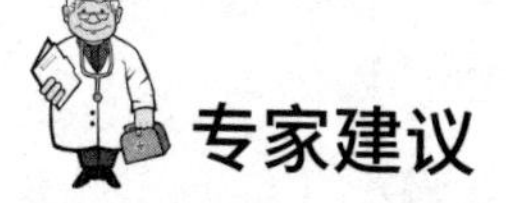

专家建议

如果一个小孩子在未满周岁之前就抓捏生殖器，那么这一行为恐怕要延续相当长的一段时间。

你们已经尝试了各种各样的办法，但是问题还在继续。总的来说，在四岁和六岁这两个年龄段，孩子（尤其是男孩子）对生殖器官的感觉比平常更加明显，在这期间他们会常常去抓捏生殖器。你小儿子生殖器官区域的紧张感觉这时候可能格外明显。

你可以用对待孩子吸吮拇指的态度，至少要求孩子回他自己房间里去，而不可以当着任何别人的面做。还有，孩子毋庸置疑地需要其他宣泄紧张的途径，比方说和一群小伙伴一起玩、上幼儿园、跟你们一起去户外（散散步，东看看西看看），这些都会对他相当有好处。

这孩子居然很明白自己在做什么，这倒是让我们觉得，他的动作似乎不单纯是不由自主的宣泄。他的话听起来简直就是更大一些的、真需要制止这一行为的孩子。

很少有儿童专家知道该怎么制止孩子的这一行为。相反，他们大多认为孩子的这种行为最好不要去干涉。除了卫生方面的因素之外，他们大多认为孩子抓捏生殖器的行为并不会造成什么伤害，当然太过度了则又不同。你儿子的行为看来有些偏于过度，希望更多而且有趣的户外活动能够令他不必太过依赖于此。因此，以目前来说，你们夫妇应该给予孩子更多的关注，尽量让他多参与一些有趣的户外活动。

等孩子渐渐长大，如果他到了上学年龄这个问题都还在继续，影响了学校的纪律，那么你们应该带孩子去当地儿童指导诊所，寻求专业性的帮助。与此同时，请问，你们是否一定要继续住在这间三楼的公寓里？如果能有些别的办法，让你们的家庭环境更加放松，这也许能对你儿子有很大的帮助。

13. 孩子喜欢玩性游戏，怎么办？

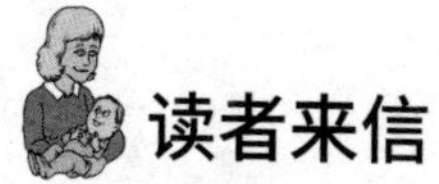

读者来信

亲爱的博士：

我四岁的女儿詹妮和她的小朋友——五岁的大卫，很喜欢在一起玩。大约两年以前，他俩开始玩脱衣服、去外面撒尿的游戏。大卫的妈妈和我都阻止过这种做法，解释给他们听这样不可以，在他俩玩的时候盯紧一些。可是没什么用。从去年开始，他们的这种游戏又有了新花样。我再去找大卫的妈妈谈了谈，我自己也在他俩玩的时候盯得更紧了一些。大卫最喜欢在关着的门背后或者隐秘的角落里玩。坦白说，我家詹妮也一样很喜欢这种游戏。

上个星期有一天我回家时，发现詹妮和大卫躲在她的洗手间里，关着门，他们的裤子又挂在腿上。我丈夫在家里，可是只要孩子们安安静静他就不太管他俩。他觉得我太把这件事当回事了。大卫的妈妈看来也很不在意他俩之间的小把戏。我这样做，是对还是错？

专家建议

你的问题很常见，但大家的看法各有不同。有不少儿童专家认为，孩子小时候玩性游戏并没有什么伤害，而且他们相信，太多的压制和斥责反而比游戏本身更加伤害孩子。

大多数妈妈都不喜欢这种游戏，更倾向于加以制止。（爸爸则很难预料，他们要么对此太过生气，要么根本觉得无关紧要。）以我们目前所知，密切关注看来是唯一能有效预防的办法，训话、责备和打骂都没什么用。只要孩子感兴趣，又能给他们逮到机会，性游戏就在所难免。如果大卫和詹妮一定要在一起玩，你就只好把他俩盯得更紧一些。

有些时候你很难直接看住他们。不过，尽量让他俩在开阔的、宽敞的地方玩，而不要在门背后、窄小的地方以及卫生间里玩。如果这种行为还在继续，让他俩分开几个星期，也许会有一定的效果。

我们很高兴你能够意识到，不但是大卫很喜欢这种游戏，你家詹妮其实也一样很喜欢。有些时候，邻居孩子之间的性游戏所造成的最大的伤害，就是妈妈们彼此相互很生气，相互指责对方的孩子。其实每个妈妈都应该明白，这样的游戏不但在“好”邻居之间会有，“坏”邻居之间也会有；不但在“好”孩子之间会有，“坏”孩子之间也会有。

针对这个话题，总体来说我们有这样一些看法：

这和环境条件有很大关系。如果孩子再也得不到机会单独一起玩，或者总是忙着玩别的更有意思的游戏，那么有些孩子很可能因此一下子就再也不玩这种游戏了。有些孩子比其他孩子陷得更深一些；有些孩子在某些年龄段陷得更深一些。

一旦撞上，这时候最要紧的两件事情应该是：

其一，平静而且放松。让孩子觉得你不喜欢（或者不允许）这种事情，但是，不要让孩子觉得你很震撼、很惊恐、很恼怒。假如你的态度让孩子觉得性行为是不对的、可怕的、可耻的，那么这对孩子造成的伤害，可能远远比孩子的性游戏本身对他们造成的伤害要厉害得多。

其二，尽量让你的孩子不要陷入有可能导致性游戏的情形之中。有些玩伴可能更容易领头玩这种游戏，那么你则应该在一段时间之内避免让孩子和这个小玩伴一起玩。也有些时候你也许应该格外看紧自己的孩子，不给他玩这种游戏的机会。

还有一个比较极端但肯定管用的办法，就是给孩子穿连身内衣和连身外衣，而不是上下两件套的衣服。直截了当地让孩子不容易穿也不容易脱，也许就能达到很好的效果。

应该责怪哪个孩子，在这里完全不重要。今年带头的孩子可能是隔壁家的小男孩；明年却很可能是你自己的孩子。虽然我们没说性游戏遍及天下，事实上却也差不了多少。如果孩子在幼年时完全没有任何机会针对性感兴趣、提问题，那么将来这孩子长大以后，他可能会遇到的性问题，一定远远大于在他小时候对性游戏太感兴趣所可能造成的问题。

14. 孩子忽然很怕死，怎么办？

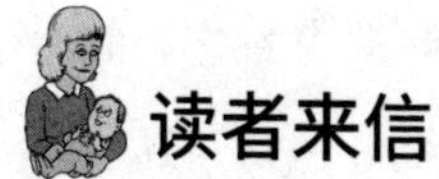

读者来信

亲爱的博士：

我们四岁半的儿子罗比，忽然对“死”这个念头充满了恐惧。他曾有一条小狗，大约一年以前死去了，我们以为他会因此对整件事有一个大体上的认识。

可是现在，忽然之间，他对“死”惧怕得很厉害。我妻子向他保证说这个家里没有谁会死。可是我觉得她的说法不妥，因为她其实保证不了这件事。所以我跟罗比讲到了神，告诉他说，即使是他或者我们有谁死了，我们也会和神在一起，我们会很好。

可是他现在似乎更害怕死了，他说他不愿意跟神在一起。现在我们该怎么办？他看来特别担心自己，害怕他自己会死掉。

专家建议

在孩子的某些年龄段里，神的概念的确能在一定的场合给孩子带来安慰。有一位在天之父，能随时照看着你，这种想法确实能够舒缓一个四岁孩子内心的恐惧。但是，这个年龄的孩子却又有另一个问题：他还分不清什么是真的、什么是假的，这让他感到十分困扰。

事实总会更有说服力一些，你也许可以向罗比灌输一个事实，那就是大多数人都是老了以后才会死。不过，大部分四岁的孩子对死的理解毕竟很有限，等孩子到了五岁的时候会好很多，你到那时又很可能会对孩子的铁石心肠刮目相看。不少五岁的孩子在彼此谈论死的时候，他们简直就像是一群小律师，很严谨地对死人的周围情况、身体姿势、前因后果等详加勘察。

有些四岁孩子，也有不少五岁孩子，他们会倾向于相信人可以死而复生。

但是，四岁半的孩子却不同。他们更倾向于变成一个个的“小担心”，哪怕没有什么特殊事情的影响，他们也会莫名担心。尤其是对于死亡的惧怕，的确往往会在这个时候出现。有些孩子因为经历了自家宠物的死，变得比较能够接纳这一事实；不过看来罗比的这一经历并没有帮助到他。

神的概念应该能帮到不少的四岁孩子，以罗比的情形来看，如果你想借用神的概念来安慰他的话，你也许可以这么对孩子说：神保佑着他，会在人间好好守护着他不让他死去。这种说法会比你说他进了天堂以后会去到神的身边更能安慰他。你也许不必说得那么遥远。

目前罗比最需要的就是强有力的保证，保证他还有他最亲的家人都会很好。虽然人生的确实难预料，不过我们还是认为，你完全可以相当放心地给孩子一个他所渴望的平平安安的保证。当然，你可以不把话说得太满，以防真的有什么不幸灾难降临到亲人身边，你也能有话可说。

15. 怎样告诉四岁孩子爸爸妈妈要离婚了？

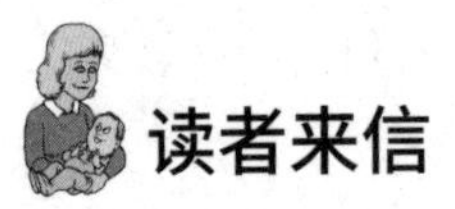

读者来信

亲爱的博士：

我们家将要发生一件事，可是我不知道该怎么跟孩子说，心里十分不安。我和丈夫已经决定离婚。目前我们还没有把这一消息告诉四岁的儿子吉米。我该怎么跟他说？他会怎么接受这件事？你会不会觉得离婚对小孩子来说终归是一件灾难性的事情？

我和丈夫已经老早就知道我们的婚姻没救

了。开始的时候我们曾打算为了孩子继续住在一起，但是现在我们已经明白这是不可能的了。请帮帮我！

专家建议

我们认为你俩的确不应该“为了孩子”而继续住在一起。儿童专家很早就发现，感情上的离异和法律上的离异比起来，前者对孩子造成的伤害要远比后者厉害得多。

吉米肯定不会愿意你们离婚。通常来说，即使是小孩子，他也不会愿意家庭破裂，哪怕是一个并不快乐的家。不过，年龄小的人和年龄大的人比起来，前者更容易从离异的痛苦中恢复过来，也更容易接纳新的生活方式。

最有可能对吉米造成伤害的，应该首推你和你丈夫怎么处理离婚这件事。如果你俩都能保持冷静，保持至少表面上的友好，而且你也不要让自己显得像是到了世界末日一般，那么，吉米则应该和千千万万其他遭遇父母离异的孩子一样，感情上能熬得过来。

因此，请尽一切努力让你儿子知道，家里目前发生的事并不是天塌地陷。你要向孩子保证，爸爸的离去绝对不是因为他做了什么事，或者因为他没做什么事。要向孩子保证，他的爸爸今后仍然是他的爸爸，而且仍然爱他。你还要特别告诉孩子，他今后一样可以见到爸爸。

请尽你最大的克制，不要对孩子说些敌视你丈夫的话，不要说关于他不好的事情。尽量以平和的语言、陈述事实的态度跟孩子解释这件事情。告诉孩子，人们结婚的时候都会向往白头偕老，但有时候人与人之间就是没法相爱一辈子。这并不表明有谁不够好，也不表明有谁不爱自己的孩子。

你还一定要对吉米强调，尽管他的爸爸不再是你的丈夫，但他仍然是吉米的爸爸，吉米并不会因此而失去爸爸。

另外，从一个实际性的角度来看（四岁孩子也会问些很实际的问题），你应该告诉孩子家里会发生些什么变化。以你的情况，你可以告诉孩子，他会继续住在现在的这个家里，到了周末的时候他可以去看望爸爸。你和他爸爸应该协商好看望孩子最合适的频率。一般来说，每三四个星期见一次面，会比人们更习惯的每周一次要更好一些。

还有，请你记得，孩子往往需要你把同样的话说上一遍又一遍。

16. 应该怎么对待双胞胎上学的问题?

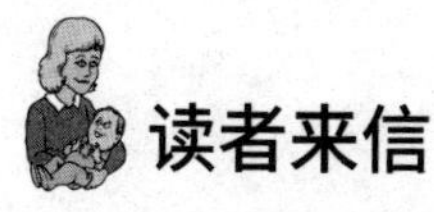

读者来信

亲爱的博士:

我们有一对四岁的女儿:简和萨曼莎。她俩是一对很可爱的小姑娘,迄今为止我们之间的相处都相当顺畅。我们的问题在于对今年秋天孩子上学的困扰。这对小姐妹十分亲密,什么事情都喜欢一起做。有些朋友认为她俩上学了以后应该分开来。我们俩担心,这样做也许会让两个孩子都十分难受。等孩子到了该上小学学前班的时候,我们应该不应该要求学校把她俩安排在同一个班里？还有，你能不能推荐给我们一本养育双胞胎的好书？

专家建议

现在看来，人们大多比较反对给双胞胎穿相同的衣服、取相近的名字，认为不应该总让两个孩子在一起。很多人认为，双胞胎中的每一个孩子都应该尽可能被当作一个完全独立的个体来对待，尽管人的天性总喜欢让两个孩子一模一样。

因此，总体上来说，人们大多认为在学校里最好把双胞胎孩子分开。假如这两个孩子在放学后喜欢黏到一起，那则随他们去。不过小学学前班倒是应该有些例外。如果你们的一对小姑娘属于相对比较难以接受和适应新环境的孩子，那么适应上学本身就已经是一个问题了，更何况还要面对把两个孩子分开所带来的额外问题。

如果以你们的判断，认为这两个孩子能够接受和适应新环境，那么让两个孩子一开始就分在不同的教室里，也许有一定的可取之处。当然，你们也可能更愿意让孩子在小学学前班的时候不要分开，等她俩上了一年级再说。不过，虽说是双胞胎，她俩是同卵双生的还是异卵双生，这也有所不同。如果是同卵双生的孩子，我们倾向于允许孩子在一起，一直等到她们有了足够的分离开来的心理准备再说。这也许需要等到三年级、四年级，甚至更晚一些；如果是异卵双生的孩子，则恰恰相反，你越早让她俩分开来越好。

最好的讲述婴儿期以后的双胞胎养育的书，是贝蒂·罗特巴特写的《双重祝福》。

17. 一个上过幼儿园的男孩子，会不会觉得学前班很无聊？

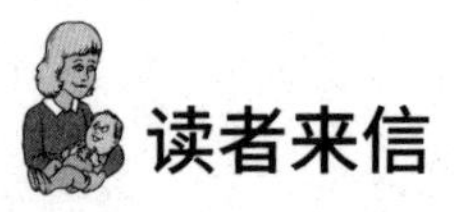

读者来信

亲爱的博士：

我打算送年满四岁的大儿子去上幼儿园。可是有人却告诉我说，如果他现在去幼儿园，那么到了明年他就会觉得小学学前班很无聊，等到了一年级就更无聊，因为孩子到了那时候就很厌恶上学了。你觉得这是真的吗？能不能请你清楚地解释一下，幼儿园和小学学前班有什么不同？

专家建议

照某些人的主观臆断，小学学前班和幼儿园没有什么不同。要知道，从某种程度上来说，这两个不同的环境里使用的教具材料可以完全相同。

然而，这两者又确实不同，不但因为前来上学的孩子年龄不同，而且能力水平也不一样，这自然导致幼儿园和学校的课程内容也必然不同。事实上，即便就是在同一所幼儿园里面，孩子的时间安排以及活动内容，也因为年龄的不同而十分不同。

因此，虽然各个不同年龄组的孩子可能使用完全相同的教具材料，例如橡皮泥、积木等，但是，两岁的、三岁的、四岁的、五岁的孩子组针对这些东西的玩法却完全不一样。有经验的老师不但了解不同年龄的孩子对不同玩法的不同需求，而且还会根据孩子的能力以及兴趣随时变换提供给孩子的材料。

任何一所学校里，都有两个至关重要的组成部分，一个是老师，一个是孩子。无论是哪一种适合孩子的材料，在老师恰当地引导下，都能让孩子体验到符合他年龄的成就感与快乐感，都能促进孩子朝着符合他年龄的能力水平成长。幼儿园或者学前班的一个非常重要的作用，恰恰就是让孩子能体验到符合他年龄水平的成就感与快乐感。

至于说让孩子觉得无聊的危险性，我们认为，今年幼儿园里丰富多彩的各种体验，实在不太可能导致明年孩子在小学学前班的无聊，因为，在学前班里孩子的感受将会完全不同，不但环境的设置完全不同，而且更主要的是孩子的能力已经完全不同了，他又长大了一些。总而言之，在学校里觉得无聊的原因，很少是因为孩子的聪明程度超越了他所在的年级，也很少是因为孩子太早就有了在幼儿园的丰富体验。相反，孩子之所以感到无聊，往往更可能是因为他面对老师精心设置的丰富机会太缺乏自己的创意。

18. 该不该让孩子上小学学前班?

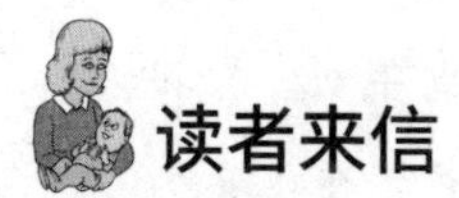

读者来信

亲爱的博士:

我的问题在于长子、今年四岁的唐纳德。他将于 11 月 13 日满五周岁。我们当地的学龄分割线是 12 月 31 日，所以唐纳德今年 9 月的时候就有资格去上学了。按照规定，我们做家长的可以根据自己的判断，是否送孩子今年去上学。

我的丈夫，小时候曾经过早上学，知道如果一个孩子的身体和心理这两方面还没有准备好的话，上学会是一件非常痛苦的事情。可是我们的朋友和亲戚却认为，我们俩为了一个可能是无中生有的问题而太过谨慎。

我和我丈夫都更愿意送唐纳德明年去上学，而不是今年送他去了以后，万一不行再留级一年。可是另外一个让我们感到犹豫不决的地方，是他的两个好朋友都将今年被送去上学。因此我们又十分担心，假如我们从一开始让他比朋友晚上学一年，会不会很伤他的心。

唐纳德在我们看来是一个很聪明的小男孩，但是他个头很小，而且看起来也显得更年幼。我和丈夫对这个问题实在是感到十分迷茫，似乎我们读得越多，就看到越多的相互矛盾的观念。

专家建议

你们说得不错，是有很多相互矛盾的观念。我们自己的看法认为，一个生于11月的男孩子，要在9月份他还没有满五周岁之前就去上学，这比较违反常理。12月底的学龄分割线，在我们眼里看来十分荒谬，除非学校会专门为四岁半的孩子设立一个特别的小学学前班。合理的学龄分割线应该设在9月1日。

你说到你丈夫因为他自己的亲身经历，知道过早上学会是什么情形。他说得没错，晚上学的确比早上了学后再留级一年要更好。

你们也说得不错，唐纳德可能会因为他的朋友比他先上学而感到很伤心。但是，如果仅仅为了不让他现在伤心，就把孩子放到一个可能使得他不但觉得上学很痛苦，而且学习跟不上趟的情形之中去，甚至有可能未来的12年都是如此，那么这个决定恐怕不是什么明智的决定。

结束语

是的，四岁的孩子的确是一个既张狂又可爱的孩子。我们祝愿你能够充分享受孩子在这一年里的特色，因为，到了五岁，如果孩子的成长跟随着自然规律前进的话，你对孩子的感受又将是另一番十分不同的境界。

四岁孩子丰富多彩，而五岁孩子循规蹈矩；四岁孩子冲撞规则，而五岁孩子遵循规则；四岁的孩子喜欢看看他可以在你喝止之前能冲出多远，而五岁的孩子却喜欢听你这当父母的话，你要他做什么他就做什么。

当你的小丫头或者臭小子还是四岁的时候，你满眼所见全是调皮捣蛋；可是一旦孩子长到了五岁，你又会怀疑，这孩子是不是有点儿太听话了些？

孩子成长的韵律，真的就像是潮涨潮落一样，十分有规律。从和顺阶段，到不和顺阶段；从外向阶段，到内向阶段。如果能够在你天生对孩子的慈爱之中，再加上些对成长规律的尊重，那么，孩子的金色童年所能带给你的，以及带给孩子本身的快乐与享受，都一定会增加许多倍！

图书在版编目（CIP）数据

你的4岁孩子 /（美）路易丝·埃姆斯,（美）弗兰西斯·伊尔克著；玉冰译．-- 北京：北京联合出版公司，2018.4

ISBN 978-7-5596-1608-1

Ⅰ．①你… Ⅱ．①路… ②弗… ③玉… Ⅲ．①儿童教育－家庭教育 Ⅳ．① G781

中国版本图书馆 CIP 数据核字（2018）第 009073 号

著作权合同登记 图字：01-2017-9094 号

YOUR FOUR-YEAR-OLD: WILD AND WONDERFUL
BY Louise Bates Ames, Ph.D., and Frances L. Ilg, M.D.

你的4岁孩子

项目策划 紫图图书ZITO®
监　　制 黄　利　万　夏
作　　者 [美]路易丝·埃姆斯
　　　　 [美]弗兰西斯·伊尔克
译　　者 玉　冰
责任编辑 李　红　徐　樟
特约编辑 曹莉丽　虞　岚
版权支持 王香平
装帧设计 紫图图书ZITO®

北京联合出版公司出版
（北京市西城区德外大街83号楼9层　100088）
天津中印联印务有限公司印刷　新华书店经销
145千字　880毫米×1230毫米　1/32　9.5印张
2018年4月第1版　2018年4月第1次印刷
ISBN 978-7-5596-1608-1
定价：49.90元

紫图·育儿课

出版社：北京联合出版公司
定价：42 元
开本：32 开
出版日期：2017-6

《陪孩子遇见美好的自己》

一本教我们如何爱孩子的陪伴之书
只有真正懂得了孩子，我们的教育才有了心跳
知名叙事治疗心理咨询师吴熙琄、周志建、林祺堂、黄士钧联合推荐

《陪孩子遇见美好的自己》是台湾第一本儿童叙事治疗实践之书。作者黄锦敦结合自己多年来陪伴孩子的实践经验，创作了大量真实而生动的疗愈故事与案例分析。这些故事力透纸背、充满了智慧和生命力，字里行间流露出作者与孩子生命交会的真实经验。读者可以通过这些故事听到孩子美妙的心声，并活学活用，跟孩子创造属于自己的陪伴故事。谨以此书献给所有从事叙事治疗的心理咨询师和学员们，也献给长期处于教育一线的老师和家长们。

出版社：北京联合出版公司
定价：49.9 元
开本：16 开
出版日期：2017-11

《做守信的家长，培养自律的孩子》

北京师范大学心理学名师课程“好父母修炼课”系列
李烈（北京第二实验小学教育集团总校长）王欢（北京史家胡同小学校长）李明新（北京小学校长）郑洁（北京师范大学第四附属中学校长）
孔虹（广州朝天小学校长）等名校校长联袂推荐！

这是一本有效解决孩子上学后让家长头疼问题的书，更是一本使用后让家长和老师迅速见证孩子奇迹的书。本书源自作者对众多家长苦恼至极问题的归纳总结，并全方位采用了“BOOK+”的概念——书籍 + 实用工具 +APP，以综合性的服务更全面地帮助家长。通过和孩子签订行为契约，共同执行，进而帮助孩子主动形成良好的学习习惯、生活习惯、行为习惯……

紫图·育儿课

出版社：北京日报出版社
定价：49.9 元
开本：32 开
出版日期：2017-7

《干杯，我们都是不完美父母》

接纳自己的不完美，做刚刚好的父母
长居英国亚马逊亲子畅销榜第 1 名，《星期日时报》超级畅销书

《干杯，我们都是不完美父母》通过幽默搞笑的文字和生传神的插图，为我们展现了为人父母的真实写照——怀孕生产早教育儿、亲子关系、人际交往、父亲育儿、工作和家庭、二养育、教养方式……这其中有愉悦美好，也有艰辛疲惫；有感惊喜，也有焦虑沮丧……你会看到作者如何学会释放自己的焦虑接纳那个虽然不完美、却最真实的自己——“我们所拥有的已足够好，爱可以战胜一切不完美。”

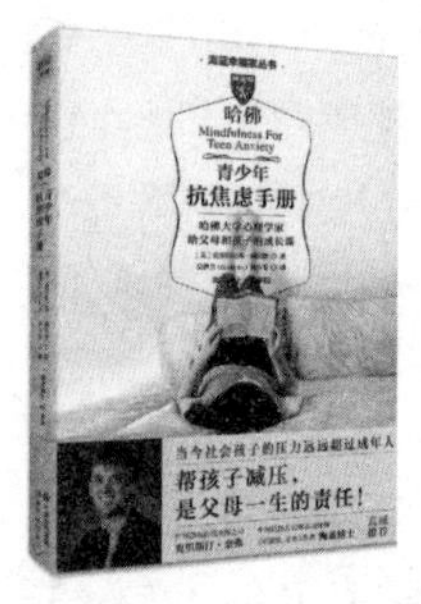

出版社：现代出版有限公司
定价：42 元
开本：32 开
出版日期：2017-2

《青少年抗焦虑手册》

哈佛大学临床心理学家给孩子的成长课

本书是一本为生活学习中普遍存在焦虑问题的青少年和轻人提供的心理自助实用手册。孩子在父母或老师的带领下，家里、学校里或者任何地方都可以拿来学习和使用，消除焦虑纾解压力。书中针对具体问题设计了启发式问答及练习，帮助者更好地理解焦虑的根源，养成积极的思维习惯。作者循循善诱字里行间流露出同情和理解，充分考虑到青少年、年轻读者群心理特点，融专业实用和趣味阅读于一体，是一本十分难得的理健康读物。

出版社：北京联合出版公司
定价：39.9 元
开本：16 开
出版日期：2017-3

《海豹突击队教养男孩手册》

11 堂成长课，让男孩成为杰出男人，男孩父母必读的教养指
美国王牌特种兵海豹突击队教官，教你如何培养自信、勇敢永不言弃的男子汉
美国家长五星推荐，国内独家原版引进

本书是一本美国海豹突击队队员以他们平时训练以及实战的方法、准则告诉父母怎样将男孩教养成一名积极、勇敢、有当的男人的书籍。书中列举了不同的海豹突击队队员及前海豹击队队员如何运用他们的训练、实战经验将儿子培养成杰出男的事例。书中的 11 堂成长课，从团队建设、果敢、心态、拼搏方面告诉父母怎样将今天的男孩培养成明天的杰出男人。

紫图·育儿课

版社：北京联合出版公司
价：42元
本：32开
版日期：2017-3

《爱，让我们彼此听见》

一本全面改善亲子关系的经典暖心力作
28篇温暖亲情故事，两代人面对面，带你听见孩子的真心话
著名亲子阅读推广人哈爸、台湾著名教育家洪兰等倾情推荐

《爱，让我们彼此听见》由畅销书作家刘继荣与儿子张一凡母子联手创作，包含28篇温暖的亲情故事。在书中，作者刘继荣与儿子张一凡抛开母与子的原始角色包袱，真心诚意地谈成绩、志向、态度、朋友、爱与人生。他们用自己的亲身经历告诉我们：在这个世界上，并不存在“完美”的亲子关系。大人有大人的“大道理”，小孩有小孩的“小道理”。只有彼此真诚地相爱，才能清晰地听见对方。本书四色全彩，装帧精美，适合一家人亲子共读。

版社：北京日报出版社
价：42元
本：32开
版日期：2016-8

《和你一起，我不怕老去》

一家人共读的成长之书，鼓励亲子间有质量的陪伴与成长，一起唤醒人生幸福时刻。

《和你一起，我不怕老去》是《坐在路边鼓掌的人》作者刘继荣的最新作品，一共包含40个有关爱与成长的故事。在这些故事中，有烂漫小儿无畏的爱，似蒲公英擎起小伞，为亲爱的人挡住风雨；有与孩子一道成长的父母，发现在岁月的某个瞬间，心里的竹篱开满鲜艳；有散发暖意的陌生人，将勇气与执着传递给你……每一个故事，都是刘继荣带给你的美好祝福。愿你伸手触得到纸上暖意，抬头看得到幸福真颜。

版社：江西科学技术出版社
价：39.9元
本：16开
版日期：2016-1

《妈妈强大了，孩子才优秀》

央视著名主持人李小萌真心推荐“一本教妈妈的书，胜过十本教孩子的书。”
书中强调了家长要接纳孩子，要了解孩子不同年龄的心理特色，不要进行错位教育，否则大人孩子都累！

本书是儿童教育专家罗玲经多年研究，并结合自身育儿经验的心血之作，书中育儿方法大多经过网友实践，不但解决了育儿中的难题，甚至改变了家长在生活中的态度。书中除了给出具体解决诸如孩子胆小、好动、打人、骂人、磨蹭、逆反、不认错、爱抱怨、爱哭闹等生活中常常让大人焦头烂额的育儿问题的方法外，还从根本上告诉家长要如何才能帮助孩子长成最好的自己，如何引导孩子合理发挥自己的智能。让家长真正成为陪伴孩子成长的最重要的那个人。

紫图·育儿课

出版社：江西科学技术出版社
定价：49.9 元
开本：16 开
出版日期：2018.3

《脾虚的孩子不长个、胃口差、爱感冒》

不伤孩子的脾，别伤孩子的心
从调理脾胃和情绪入手，有效祛除孩子常见病根源
2018 年修订升级版
新增当下常见的儿童舌苔剥落成因及调理

一本从调理脾胃和情绪入手，教会家长如何对症调理
子常见病并祛除疾病根的书。书里介绍的各类调理方法已
无数受益的家长验证有效，只要家长认真按书里介绍的辩
使用即可。由知名中医诊断学博士，中央电视台《百家讲坛
特邀嘉宾罗大伦倾心奉献，帮助家长调理孩子瘦弱、不长个
胃口差、爱发脾气等一系列令人焦心的孩子生理和心理问题
随书赠送：孩子长得高、胃口好、不感冒的特效推拿、食
方速查速用全彩拉页。

出版社：江西科学技术出版社
定价：49.9 元
开本：16 开
出版日期：2018.3

《让孩子不发烧、不咳嗽、不积食》

调好孩子脾和肺，从小到大不生病
指导家长用食疗和心理学方法 对症调理孩子常见病
2018 年修订升级版
新增怀山药治疗外感使用大全、白萝卜水止咳法

书中把孩子发烧、咳嗽、积食各个阶段的病因和症状
得通俗、清晰，可以让任何家长都能及时发现孩子身体状
的变化，防患于未然。介绍的调理方法简单、安全，多为
疗及外治法，能提供给家长一系列可操作的解决方案。由
名中医诊断学博士，中央电视台《百家讲坛》特邀嘉宾罗
伦和儿童教育专家、亲子、教育专栏作家罗玲联袂著作，
你快速成为孩子身体和心理上的全方位保护神。随书赠送
孩子常见疾病的每个阶段不同疗法速查速用全彩拉页。